グローバル社会における異文化コミュニケーション

身近な「異」から考える

池田理知子・塙 幸枝 編著

青沼 智・宮崎 新・神戸直樹・石黒武人・鳥越千絵・師岡淳也・河合優子 著

Intercultural Communication
in a Globalized World

SANSHUSHA

はじめに

　いまではあらゆるところで使われている「グローバル化」ということばですが、その意味を問われると、「多様な人たちとの交流」といった漠然としたイメージを思い描く人が多いのではないでしょうか。国境をはじめとした「境界線」を越えて広がるグローバルなつながりがあるからこそ、私たちの暮らしが成り立っているのはまぎれもない事実です。ところがそのつながりがつくり出した現象のなかには、たとえば格差社会や環境汚染、移民の増加といった複雑な問題も含まれます。こうした問題を掘り下げて考えていくと、多様な人たちと私たちとの入り組んだ力関係がみえてくるはずです。しかもそこでのかかわりには、「交流」というどこかポジティブな響きをもつことばでは言い表せない現実があるのではないでしょうか。

　では、「多様な人」の中身はどうなっているでしょうか。国籍を基準としたアメリカ人や中国人、ブラジル人などをその例としてあげる人は、少なくないでしょう。それも多様な社会を構成する一つの要素ではありますが、そこに貧富やジェンダー、性的指向、障害のある／なしといった違いや、移民や難民であるといった状況などを加味して、具体的なかかわりあいが生まれる現場を眺めると、異なる様相が浮かんできます。

　これまでとは違った視点でまわりを見わたすと、意外と身近なところに自分とは異なる文化背景をもつ人たちがいるのに気づくはずです。自分と変わらない日常を送っていると思っていた隣人がそうではなかったと気づく、つまり自らの「あたりまえ」がそうではなかったと知ると、これまで平気で他者を傷つけていた自分がみえてくるかもしれません。あるいは、社会で通用している「あたりまえ」に傷つけられた自分を通して、その理不尽さがまかり通る社会をどう変えていけるのかを考えはじめるかもしれません。「異文化コミュニケーション」の学びは、「あたりまえ」を疑うところから始まるといっても過言ではないでしょう。

　本書では、グローバル社会のなかでこれまでみすごされてきた、身近な

「異」を取りあげ、差異が生み出すさまざまな関係性がどういうものかを明らかにします。そこに生じる不均衡な力関係の維持に加担したままでいるのか、それとも変えていこうとするのか、コミュニケーションの〈想像／創造する力〉が試されているといえるでしょう。

　本書は、3部構成となっています。
　まず、「異文化コミュニケーション」を学ぶうえでの基礎的な概念がわかりやすく説明されているのが、第Ⅰ部「基礎編」です。読み進めていくと、「文化」「アイデンティティ」「コミュニケーション」「言語」「非言語」「メディア」「グローバル化」についての理解が深まるようなつくりになっています。同時に、さまざまな現象を批判的に分析するための多数の提言が記されています。
　第Ⅱ部「応用編」は、基礎的な概念を応用して、コミュニケーションのさまざまな現場の分析・考察を行った四つの章で構成されています。「コミュニケーション」がどういう力をもちうるかについて、公害資料館と公害マンガというメディアを通した異文化体験から考えていくのが、第6章です。第7章では、〈外国語＝英語〉という言語選択や、ネイティブを頂点とした英語話者のヒエラルキーといった思い込みを問いなおし、異文化実践として語学を学ぶ重要性についてみていきます。第8章では、「日本」や「日本文化」について話を求められる異文化交流の場で、私たちは何を語ればよいのかについて考えてみます。第9章では、さまざまな文化背景をもつ人たちが交差する企業内の「多国籍チーム」を分析の対象として取りあげ、「コミュニケーション」と「アイデンティティ」の課題を探っていきます。
　時間軸と空間軸をもう少し広げて、「異文化コミュニケーション」について考えるための四つの章が収められているのが、第Ⅲ部「発展編」です。まず第10章では、1950年代にまでさかのぼって、「日本人」というイメージがスポーツ観戦を通していかにつくられたのかをみていきます。そして次の第11章では、ドイツにおける移民・難民問題から、多文化社会の課題を探ってみます。日本でもそう遠くない将来、同様の問題が起こりうることがそこでは示唆されています。明治時代の演説から始まり、現在の「スピーチ」や「プ

レゼン」へといたる歴史的変遷から、公の場において文化や政治を語る行為の意味を探っていくのが第12章です。第13章では、私たちのまわりにある、みえる／みえない「境界線」について考えます。国境や人種、民族といったみえる「境界線」だけでなく、みえにくくなっている「境界線」を意識的にみていくこと、そして越境・架橋することの意義について学んでいきます。

　本書を読み進めていくと、複雑化するグローバル社会のなかで、複眼的に現象を捉えることの重要性が実感できるのではないでしょうか。

　各章は、写真やイラストと、身近な出来事や社会的な事象を載せたページから始まります。そこでは、みなさんに考えてほしい課題を提示しています。また、その章の内容を理解するためのキーワードもあげておきました。本文中には、そこで論じられている主題や概念について参照すべき章やページが、随所に挿入されています。関連する章と有機的につなげて考えられれば、異文化コミュニケーションに対する理解がさらに深まっていくはずです。

　章末の「It's your turn. ディスカッションのために」では、質問およびディスカッションのテーマというかたちで、各章の内容を理解するための重要なポイントをあげました。「Let's try. さらに考えるために」は、各章のテーマについてより深く学びたい人に向けて書かれたものです。そこでは参考図書もあげていますので、興味を覚えた人はぜひ手にとって、その章の理解をさらに深めてください。また、「参考文献」として、本文中で引用されている文献を一覧にして並べました（日本語は50音順、英語はアルファベット順）。それらの本や論文も、より広い学問の世界へと導いてくれるはずです。

　最後になりましたが、三修社編集部の松居奈都さんにお礼を申し上げます。松居さんのおかげで、限られた時間のなかで本書が充実した内容となったのは間違いありません。本当にありがとうございました。

編者を代表して
池田理知子

CONTENTS

第Ⅰ部　基礎編

第1章　他者との出あい
「異なる」という意味 …………………………………… 12

1. 〈国＝文化〉という枠組み　13
2. さまざまな文化の違い　14
3. ステレオタイプな表象　15
4. 日常のなかのカルチャーショック　16
5. 他者との出あいとアイデンティティ　18
6. 異文化コミュニケーションを学ぶ意義　20

第2章　「ふさわしさ」をめぐるコミュニケーション
読めない空気 …………………………………………… 24

1. コミュニケーションの意味　25
2. 「ふさわしさ」の恣意性　26
3. 暗黙の了解　28
4. 協調性と排他性　29
5. 高コンテクスト文化／低コンテクスト文化　30
6. 「わかりあい」が隠蔽するもの　31

第3章　ことばというシンボル
メディア化する日常 …………………………………… 36

1. 多義的なことば　37
2. ことばの道具性　38
3. 始めにコミュニケーションありき　40
4. ことば・権力・支配　41
5. ネット時代のことば　43

第4章　ことばにできないメッセージ
沈黙の意味 ……………………………………………… 48

1. 沈黙のイメージ　49

　　　　2. 多種多様な非言語コミュニケーション　50
　　　　3. 非言語メッセージの意味解釈　51
　　　　4.「話さない」と「話せない」　53
　　　　5. 言語／非言語の優劣関係　54
　　　　6. 多様な解釈の可能性　56

　第5章　グローバル化とメディア
　　　　情報化社会と私たち ……………………………………… 60

　　　　1. 世界をかけめぐる情報と生活のペース　61
　　　　2. ネット社会の不平等な関係性　62
　　　　3. 個人情報のデータベース化　63
　　　　4. グローバル化と経済格差　65
　　　　5. メディアと私たちの意識　67
　　　　6. 私たちと社会とのつながり　68

第II部　応用編

　第6章　コミュニケーションの〈想像／創造する力〉
　　　　記憶の継承 ……………………………………………… 74

　　　　1. メモリアルデーがつくり出す記憶　75
　　　　2.「大きな物語」からこぼれるもの　76
　　　　3.「他者」と出あう場としてのメディア　78
　　　　4. コミュニケーションの射程　81
　　　　5. 自分のなかの「異」との出あい　82

　第7章　英語という言語選択
　　　　外国語を学ぶ意味 ……………………………………… 86

　　　　1. 英語を学ぶなかでの違和感　87
　　　　2. 外国語は英語　87
　　　　3. 英語"で"コミュニケーション　89
　　　　4. 英語を学ぶわたし　91
　　　　5.「異文化実践」としての外国語学習　94

第8章　異文化交流の意味
期待にそえないメッセージ　　　98

1. ユニークな文化イメージの再生産　99
2. 期待に応える「語り」　100
3. 日本文化のイメージ　101
4. 文化を語るための視点　104
5. 語る相手へのまなざし　105
6. 文化の「仲介者」としての役割　106

第9章　多国籍チームにみる組織内コミュニケーション
差異とアイデンティティ　　　110

1. 多国籍チームのなかの多様性　111
2. 多様なメンバーのアイデンティティ　111
3. 多様性に配慮したコミュニケーションの実践　113
4. 相乗効果をもたらすコミュニケーション　114
5. 差異から生まれるアイデンティティ　117

第Ⅲ部　発展編

第10章　スペクテーター・スポーツの異文化論
わかりやすい「日本人」の姿　　　122

1. スペクテーター・スポーツとグローバル化　123
2. 敵役は「外国人」　124
3. 助っ人選手の「日本人らしさ」　127
4. グローバル化と日本人選手　129
5. 「よそ者」としてのプロアスリート　130

第11章　移民・難民問題から考える多文化社会
在ドイツ日本人移民のまなざし　　　134

1. 多様化する社会と多文化主義　135
2. ドイツにおける多文化主義と「並行社会」　137

3. 在ドイツ日本人移民の「異」へのまなざし　138
　　　4. 多文化社会のこれから　142
　　　5. ドイツの例から学べること　143

第12章　異文化としての「スピーチ」
　　　　公の場で文化・政治を語ること　……………………………… 146
　　　1. 「プレゼン」と「スピーチ」を分けるもの　147
　　　2. 演説の死とスピーチの非政治化　148
　　　3. 文化を語る行為の政治性　150
　　　4. 「政治の主人」になる意義　152
　　　5. 演説の復活とプレゼンの(再)政治化　154

第13章　越境・架橋するプロセス
　　　　みえる／みえない境界線　……………………………………… 158
　　　1. みえる境界線　159
　　　2. 境界線が引かれるプロセス　161
　　　3. みえない境界線を意識すること　163
　　　4. 境界線を問いなおす視点　165
　　　5. 越境と架橋　166

第Ⅰ部

基礎編

昔も今もそれぞれの場所にそれぞれの「文化」がある（四日市再生「公害市民塾」提供）

　「玉ねぎが腐ったようなにおいがした」。これは、四日市公害がひどかった当時の様子を伝えるときの常とう句である。昭和生まれの年配者は、これですぐにわかるのだが、スライスされた玉ねぎが入ったサラダパックをスーパーやコンビニで買っているいまの世代にはピンとこないようだ。私たちは同じ言語圏に生まれ育った者どうしであれば、「普通に」話せば伝わるはずだと勝手に思い込んでしまっているふしがある。たとえば海外から来た留学生に何かを伝えようとする場合は、もっと慎重に言葉を選ぶだろうし、伝わったかどうかを確認しながら話を進めるのではないだろうか。世代や経験によって「あたりまえ」だと思われるものが異なることを、私たちは忘れがちだ。異文化コミュニケーションの「異」とは、私たちが想像する以上に広い概念なのである。この章では、「異なる」とは何を意味するのかを探っていく。

キーワード

文化、ステレオタイプ、カルチャーショック、アイデンティティ

第1章

他者との出あい
「異なる」という意味[1]

1.〈国＝文化〉という枠組み

　社会言語学者のリチャ・オーリーが、ある小学校の劇の予行練習を見学したときのことである（Ohri, 2016）。劇のなかで、ケニアの保育園の話があった。その話は、人間と動物の赤ちゃんを一緒に保育するというユニークな設定になっており、「『ケニアの旗』を持った男子児童1人、『槍』を持った男子児童2人と『ライオンの赤ちゃんのぬいぐるみ』を持った保母さん役の女子児童1人」(p. 56)が登場していた。

　このエピソードは、「『○○国』を紹介するという表象行為」（Ohri, 2016）というオーリーの論文のなかに載せられていたものだ。彼女は、ケニアといえば槍や野生動物が登場するといったようなイベントが繰り返されることが、どのような結果を招きうるのかを次のように説明する。

> 「○○国」について最小化された情報が学びとなり、小さいころから繰り返されていく。我々は次第にこのような学びに対する安心感を覚え、繰り返し同様の情報を期待し、少し逸脱した情報に対して違和感を持ち、拒否することさえある。つまり、「○○国」をなるべくこのような最小化された学びに当てはめ、理解しようとするのだ。(p. 56)

　ネットで検索してみると、こうした〈国＝文化〉のステレオタイプな表象が、初等教育の現場では少なからず行われていることがわかる。しかもそれはそこだけにとどまらず、高等教育の場でも繰り返される。たとえば、ある短期大学の「異文化理解」に関する授業では、国別の文化紹介ビデオをつくらせたり、異文化交流パーティーを開いて国別に出し

---

[1] 本章は科研費（16K04096）の助成を受けた研究内容を含む。

物を準備させたりといったことがなされているらしい。また、大学で行われている「異文化」に関連するカリキュラムのシラバスを検索すると、日本人のコミュニケーション・スタイルや、日米の文化比較およびコミュニケーションの違いについての学びを強調した授業が散見される。相手をステレオタイプなイメージで判断することの危険性といった講義内容が含まれているにもかかわらず、それとは矛盾するようなメッセージが実際には伝えられているようだ。

異文化の「異」をこのような国単位の違いにとどめておくことは、問題である。それは、一つにはさまざまな「異」が私たちのまわりに存在しているのに、それをみえにくくしてしまうからだ。多様な「異」に気づくことがいかに重要なのか、それによってどのようなコミュニケーションが可能、あるいは不可能になっていくのかをここでは考える。

2. さまざまな文化の違い

気がつけばいかに多くの外国人がまわりにいるのかといったこと以上に、「異」はさまざまなところに存在する。たとえば自分とほとんど変わらない生活を送っていると思っていたクラスメートが、そうではなかったという場合がある。文部科学省が毎年行っている学校保健調査によると、高校生で2%近くの人がぜん息に罹患しており、これは50人に1人、つまり2クラスに1人程度はぜん息を患っている人がいることを示している[2]。中学校や小学校だともっと確率が上がり、統計上はクラスに1人いてもおかしくないことになる。ところがその発作は夜起こることが多いため、たとえクラスメートがぜん息の症状に苦しんでいる日常を送っていたとしても気づきにくい。「ぜん息持ち」だと言われてもピンとこない人のほうが多いのではないだろうか。

小学5年生の社会科の授業で学ぶ公害においても、「異文化」の視点

---

[2] 文部科学省「学校保健統計調査—平成29年度（確定値）の結果の概要」の「2. 調査結果の概要」http://www.mext.go.jp/component/b_menu/other/__icsFiles/afieldfile/2018/03/26/1399281_03_1.pdf（最終アクセス日：2018年8月27日）

は欠かせない。たとえば水俣病についていえば、なぜ漁師やその家族が最初に病に冒されたのかを知るには、当時の「漁師文化」がどういうものだったのかを想像してみなければならない。水俣病は、チッソ水俣工場が流した排水に含まれるメチル水銀が食物連鎖により魚貝類に濃縮され、それらを人が摂取することで発症する病である。ほぼ毎日、しかも三度の食事に大量の魚を食べていた漁村の食文化が水俣病の発生と密接に関係しており、それを知ることで、水俣病と漁民との関係がみえてくるのだ。

　水俣の「漁師文化」からも明らかなように、文化とは実際に「生きられ、経験され、実践されるもの」（吉見, 2003, p.60）である。だからこそその共同体に属す人びとの経験や、それを取りまく社会環境が変われば、その文化の内容にも変化が生じる。こうした文化の流動性ゆえに、それはミュージアムやアミューズメントパークに「展示」するようなものとはなりにくいのだが、往々にしてこうした文化の展示は行われる。博物館に行くと目にする少数民族の文化の展示や、ディズニーランドの「イッツ・ア・スモールワールド」などがそれにあたる（藤巻, 2006）。結局そこで行われているのは、ステレオタイプな文化の表象なのである。なぜそうした展示が行われなければならないのか、そのような表象のあり方に問題はないのか、いったい誰の視点がそこには反映されているのかといったことを考える必要がどうやらありそうだ。

3. ステレオタイプな表象

　「イッツ・ア・スモールワールド」を訪れる多くの人たちは、そのアトラクションが表象する各国の文化に疑問を抱くことなく、楽しんでいるのだろうか。日常を忘れたいからこそディズニーランドに足を運んでいるのだから、理屈ぬきに楽しみたいと反論されそうだが、これこそがウォルター・リップマン（1987）が指摘する「思考の節約」である。「あらゆる物事を類型や一般性としてでなく、新鮮な目で細部まで見ようとすればひじょうに骨が折れる」（p. 122）ため、その労力を節約しようと、

ステレオタイプな表象を受け入れてしまうのだ。

スチュアート・ホールは、各国の文化を表象する行為は、差異を強化すると同時に二項対立の構図を生み出し、それがステレオタイプの構築につながると述べている（Hall, 1997）。差異があるからこそ他者やその文化を理解できるのであり、違いがあるからこそ意味が生まれるのだが（ソシュール, 1972）、ときとしてその差異が単純化されてしまうことを彼は問題視しているのである。

前述の「イッツ・ア・スモールワールド」の公式サイトには、肌の色や衣装が異なる4人の子どもたちが登場する[3]。そのなかの一人は着物姿の女の子で、肌の色の黒い隣の男の子との対比によって、その子が「日本人」であることが強調される。つまり、「日本人／非日本人」といった二項対立的な差異を提示し、そこに意味をもたせようとするのである。「着物姿の女の子」が日本の代表として描かれることにたとえ違和感を覚えたとしても、単なるエンターテインメントにすぎないとして多くの人が素通りしていく。しかしこうしたことの積み重ねが、実際はステレオタイプな表象を定着させていくのだ。たとえばディズニーが販売する各国の民族衣装を身につけた人形を手にした人たちが、その表象された姿に批判的なまなざしを向けることはめったにない。こうして、ステレオタイプなイメージでものごとの多くが判断されていってしまうのである。

4. 日常のなかのカルチャーショック

イギリスの統治下にあったジャマイカで生まれ、その後イギリスに渡ってきたホールは、黒人や黒人文化が周縁的で劣等であるかのようにみえるのは、そのようなステレオタイプな表象がメディアや人びとの日常会話において繰り返し行われてきた結果だと分析する（Hall, 1997）。そして、そうした表象が「あたりまえ」のようになされている状況のな

3）東京ディズニーリゾート https://www.tokyodisneyresort.jp/treasure/small/ （最終アクセス日：2018年8月28日）

かでは、発信者や発話者の意図を問うても意味がないとする。だからこそ、いったん定着してしまったステレオタイプなイメージを変えるには、かなりの努力が必要とされ、しかもその努力を強いられるのは、多くの場合、表象されている側なのだ。

では、「あたりまえ」のように行っていた言動がステレオタイプなものであり、意図していないにもかかわらず、ときとして人を傷つけるものだったことに自らが気づくためには、どうしたらよいのだろうか。一つには、カルチャーショックのような体験が必要になるのかもしれない。

異文化コミュニケーション教育では、「U型曲線」や「W型曲線」モデルが紹介される際に、カルチャーショックについての説明がなされるのが一般的である。これらのモデルは、新たな文化にいかに適応していくのか、そのプロセスを描いたもので、時間の経過にともなう環境への適応／不適応の程度の変化が段階的に示されている。カルチャーショックは「孤立感、不満、いらだちがピークに達した、いわゆるショック期」だと説明されている（図-1）。

これらのモデルは、海外への留学前の研修の一環として提示されることが多い。そのなかで教えられるカルチャーショックは、留学といった

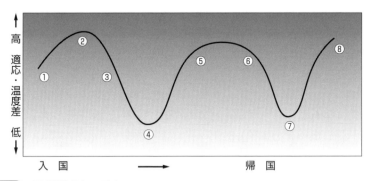

図-1 「W型曲線」モデル
①新たな出立に向けて、期待や不安を覚える段階。②新たな生活環境のなかで、これからの生活に期待を抱く段階。③期待から、不慣れな場面に遭遇し、焦燥感が募る段階。④孤立感、不満、いらだちがピークに達した、いわゆるショック期。⑤次第にショックから立ち直り、新しい環境に慣れていく時期。⑥帰国直前の期待と喜びで胸躍らせる時期。⑦帰国後のショック期。⑧再び適応していく段階。（①から⑤までが「U型曲線」で、①から⑧までが自文化に再び帰ってきた段階も含めた「W型曲線」）（池田・クレーマー, 2000, p. 148）

新たな環境に身をおいた場合を想定しているため、限定的である。そうした状況だけに限らず、普段の私たちの生活のなかにも驚きや発見はあるはずで、むしろそうした経験をカルチャーショックとして捉えなおすと、実はすぐそこにあった「異文化」に気づけるのではないだろうか。

　たとえばテレビをつけると、日本テレビの「24時間テレビ 愛は地球を救う[4]」が流れていたとしよう。しばらく見たあとでなにげなくチャンネルを変えると、NHK・Eテレの障害者のための情報バラエティ番組「バリバラ[5]」が映った。ここでは、手話や副音声での解説がついていることに気づく。わかりやすい日本語におきかえた字幕もある。一方の「24時間テレビ」は障害者にやさしい番組のはずなのに、字幕しかなかった。しかもその速度はかなり早い。聴覚が不自由な人にとって、テレビを視聴するというなにげない日常の行為ですら、かなりの苦労を強いられるものだと気づかされた、ということが起こりうる。

　このように、私たちの日常のごくありふれた一場面でも、カルチャーショックを体験することができる。そしてそれは、これまで気づくことのなかった、新たな自分の発見へとつながっていくかもしれないのだ。

5. 他者との出あいとアイデンティティ

　「バリバラ」によって導かれた聴覚障害者との「出あい」は、いままで気にもしなかった「耳が聞こえる」という状況がどういうことなのかについて考えさせられる。これまで、「聞こえない」とはどういうものなのかにまったくといっていいほど関心を払ってこなかった自分と、向きあわざるをえなくなるだろう。

　このように、自分がおかれた状況や自分自身が具体的にみえてくるの

---

4) 1978年から毎年夏に放映されているチャリティ番組。番組内でよびかけて集まった寄付金は、福祉施設に贈呈される車両などの購入費に使われる。
5) 2012年にスタートした番組。2016年4月からは、「『生きづらさを抱えるすべてのマイノリティー』の人たちにとっての"バリア"をなくすために、みんなで考えて」いくというコンセプトで制作されている。番組ホームページより。www6.nhk.or.jp/baribara/about/（最終アクセス日：2019年3月6日）

は、他者との関係性においてである。言い換えると、「わたしとは何者か＝アイデンティティ」は他者の存在抜きに明らかになることはない。しかもその他者が誰で、その人物とどういう関係をそこで結ぶのかによって、浮かびあがる〈差異＝意味〉は違ってくる。つまり、アイデンティティとは「唯一・不変のものではなく、複数でしかもコンテクストによってどの部分が強調されるのかが変わってくるものであり、ときにはそれらが矛盾したり、断片的にしか見えなかったりする」のである（池田, 2015, p. 84）。

　他者との出あいは、物理的な接触だけでなくさまざまなメディアを介して起こりうる。たとえば本やマンガを読んでいたとき、映画を観ていたとき、これまで出あったことのない他者と遭遇することがある。第71回カンヌ映画祭でパルムドールを受賞した是枝裕和監督作品『万引き家族』を観て、これまでにない「家族」の姿と出あい、そこに登場する「父」や「母」、「子どもたち」を自分の両親や自分自身と重ねあわせて、「家族」とはいったい何だろうと考えた人は多かったのではないだろうか。「家族」とはこうあるべきだという思い込みにとらわれていたことに気づかされた人は、少なくなかったはずだ。

　自分とは異なる他者との出あいは、自らの「地平」の限界と可能性に気づく第一歩となる。「地平」とは、「過去の思い出や知識、感情、文化、つまりさまざまな経験」によって織りなされており、私たちはこの「地平」にもとづいてさまざまな状況に対処していく（池田・クレーマー, 2000, p. 37）。そのため、これまで遭遇したことのない場面では、過去の知識や経験だけではうまく対処できなかったりするのである。これが「地平」の限界なのだが、私たちはその「失敗」から学ぶこともできる。これまでの見方や考え方の限界から、新たな「地平」が開かれ、そこにこれまでにない知識や経験が加えられる。こうした具体的な出あいによって気づかされた新しい視点が、ひいては自らのステレオタイプなイメージを崩していくのかもしれない。

6. 異文化コミュニケーションを学ぶ意義

　異文化コミュニケーションを学ぶとは、これまで私たちが「あたりまえ」だとか「普通」だと思っていたものに対して、疑問のまなざしを向ける重要性を知ることではないだろうか。「あたりまえ」がどうしてそうなったのか、「普通である」とはどういう意味なのかを問うていかなければ、新たな自分とは出あえないだろう。

　たとえば、「普通の家族」とは何を指しているのだろうか。日本では夫婦と子ども2人の4人家族が「標準的な家族」として描かれることが多いが、初婚の両親と一緒に暮らす子どもの数が半分を切った米国[6]ではそれは成り立たない。また、「普通」を強調すれば、異性愛主義（男性と女性からなるペアがあたりまえであるとする考え方）を正当化し、それにあてはまらない人たちを排除することにつながりかねない。

　コミュニケーションとは、他者と交わるなかで意味が構築されていくプロセスである。具体的な文脈のなかで、どのような関係性によって意味が構築されてきたのか、その意味を変えていくことは可能なのか、そうしたことを考えていかなければならない。

（池田理知子）

---

[6] Pew Research Center analysis of 1960 and 1980 decennial census and 2014 American Community Survey（IPUMS）のデータより。Medium https://medium.com/@ssr/%E3%82%A2%E3%83%A1%E3%83%AA%E3%82%AB%E3%81%AE-%E5%85%B8%E5%9E%8B%E7%9A%84%E3%81%AA-%E5%AE%B6%E6%97%8F%E3%81%A8%E3%81%AF-1de606ade987（最終アクセス日：2018年8月30日）

It's your turn. ディスカッションのために

1. 「文化」を使った熟語をできるだけたくさん書き出してみよう。そこから何がみえてくるだろうか。いったい「文化」とはどういう意味なのか、話しあってみよう。
2. ステレオタイプなイメージでものごとを判断していたことに気づかされた経験はないだろうか。お互いの経験を共有し、ステレオタイプなイメージを崩すにはどうしたらよいかを話しあってみよう。
3. 「人と違う」とはどういうことなのだろうか。また、「普通である」とは何を指しているのか、話しあってみよう。

Let's try. さらに考えるために

　異文化間における相互理解を促すためには、相手の立場になって考えることが重要だとよくいわれている。しかし、そのためにはまず自らの見方の限界を知らなくてはならない。たとえば私たちは、空間とは目からの情報をもとに把握されるものだと思ってはいなかっただろうか。実は空間とは五感を通して知覚されるもので、そうした認識がなければ、視覚障害者が白杖から伝わってくる振動をもとに位置情報を得ていることに思いいたらないだろうし、点字ブロックの上に自転車が止められていても気にならないかもしれない。マーシャル・マクルーハンは、視覚情報を重視する現代人を「眼の人」とよんでいる。空間の認識という観点から、「異文化理解」について考えてみよう。その際、マクルーハンの『メディア論―人間の拡張の諸相』（1987）は参考になるだろう。

参考文献

池田理知子（2015）『日常から考えるコミュニケーション学—メディアを通して学ぶ』ナカニシヤ出版.

池田理知子・クレーマー, E. M.（2000）『異文化コミュニケーション・入門』有斐閣.

Ohri, R.（2016）「『○○国』を紹介するという表象行為—そこにある『常識』を問う」『言語文化教育研究』14, 55-67.

ソシュール, F. de（1972）『一般言語学講義』小林英夫訳, 岩波書店.

藤巻光浩（2006）「多文化主義とコミュニケーション—知の転換期においてコミュニケーション学が果たす役割」『現代コミュニケーション学』池田理知子編, 有斐閣, pp. 223-239.

マクルーハン, M.（1987）『メディア論—人間の拡張の諸相』栗原 裕・河本仲聖訳, みすず書房.

リップマン, W.（1987）『世論（上・下）』掛川トミ子訳, 岩波書店.

吉見俊哉（2003）『カルチュラル・ターン、文化の政治学へ』人文書院.

Hall, S. (Ed.). (1997). *Representation: Cultural representations and signifying practices*. London: Sage Publications.

マニュアルにないやりとりが笑顔を誘う（イラスト／ふるきまりあ）

2015年に制作されたマクドナルドのCM（「はじめての注文：ちゃんと言えるかな？篇」）では、以下のようなやりとりが展開される。

女の子：「ナゲットください」
店員：「ナゲットですね。おいくつですか？」
女の子：「4歳！」
店員：「4歳？（笑）」

このやりとりを見て目くじらを立てる人はいないだろう。多くの人は「かわいい勘違い」として微笑ましく思うに違いない。女の子の回答はメッセージが意図どおりに伝わらなかったことを示しているが、このやりとりが「コミュニケーションの失敗」というわけではない。そこには「商品の注文」とは別の文脈で、コミュニケーションが生じているからである。だが、もしこれが4歳の女の子ではなく大人であったなら、きっと一瞬にしてその場の空気を変えるだろう。それにしても、私たちはいったい何を基準にコミュニケーションの「良し悪し」や「成否」を判断しているのか。本章では、「空気を読む」ことの曖昧さを手がかりにしながら、「コミュニケーション」とは何かを考える。

■キーワード
コミュニケーション能力、ふさわしさ、暗黙の了解、コンテクスト

第2章

「ふさわしさ」をめぐるコミュニケーション
読めない空気

1. コミュニケーションの意味

　あなたは「コミュニケーション」ということばを聞いて何を思い浮かべるだろうか。こうした質問を投げかけると、いつも似たような答えが返ってくる。「コミュニケーションとは自分の考えが相手にうまく伝わることである」とか、「コミュニケーションとは相手と意思疎通ができることである」といった答えである。それは同時に、伝達や意思疎通がうまくできなければコミュニケーションの目的は達成しえないことを含意している。

　しかしよく考えてみれば、勘違いやすれ違い、コミュニケーションが予期せぬ方向へ進んでいくことは日常茶飯事なはずだ。「人はコミュニケーションしないわけにはいかない（One cannot not communicate）」(Watzlawick, Beavin & Jackson, 1967) ということばが示すように、たとえ伝達や意思疎通がなされないような状況においてさえ、私たちは常にコミュニケーションを行っている。たとえばあなたはこの本を読んでいるいま、授業を聞いているいま、自分はコミュニケーションに参加していないと思っているのではないだろうか。そんなことはない。たとえ自分がメッセージの受け手に徹していると思っているときにでも、そのときのあなたの態度が一つのメッセージとなって、意図しようがしまいが、他者に何かを伝えてしまっているのである（第4章参照）。そっぽを向いたり、ことばを失うようなときでさえ、それは無視や動揺を表すメッセージとして解釈されうるのである。ようするに、人と人との間に何らかの関係性が生じ、そこに何らかの意味が構築されるのであれば、そのプロセス自体がコミュニケーションになるのだ（第1章参照）。

　それでもなお私たちが意図どおりの伝達や意思疎通にこだわる背後に

は、現代社会における「コミュニケーション能力」への要請がかかわっている。このコミュニケーション能力とは、語学運用能力といった限定的なスキルを意味するだけでなく、より広範な「その場にふさわしい対応」(Spitzberg & Cupach, 1984) によって判断される。たしかに私たちは、どんなときでも「その状況でどうふるまうべきか」をある程度気にかけている。もちろん日常生活のあらゆる場面における適切な対処法が書かれたマニュアルなど存在するわけがないので、そこで参照されるのは、自分の経験や社会的な慣習にもとづいて内面化された「ふさわしさ」である。そしてこの「ふさわしさ」こそ、私たちの意識を統制し、行動を規定し、ときにある種の暴力を振りかざす、みえない力となっているのだ。

2.「ふさわしさ」の恣意性

　「ふさわしさ」を基準としたコミュニケーション観の一例に、「空気を読む」「空気を読めない」という言い方がある。「空気を読む」とは「その場の雰囲気を暗に察する」ことを意味しているが、私たちが「空気」に意識を向けるのは、「空気を読めない」人に出あったり、「空気が乱される」状況に遭遇したりするときであろう。現代社会において「空気を読めない」ことは「悪」であり、回避すべき事態とされている。

　ところで、「空気」とはいったい何なのだろうか。おそらくこの「空気」なるものに普遍的な定義を与えることはできない。それは、「空気」が文脈依存的であり、その場の合意によって生成されるにすぎず、ちょっとしたきっかけでよくも悪くも変わるからである。

> そもそも、そんな不安定な「空気」を読むこと自体が不毛なことだと言えるのです。だって、読んだ次の瞬間に変わる可能性が高い「空気」なのです。「空気を読め！」と発言した瞬間に、その言葉によって「空気」が変わる可能性だってあるのです。それはまるで、しゃぼん玉ひとつひとつの漂う方向を調べ、予測するようなものです。移動距離を調べようと定規を近づけ

た途端、しゃぼん玉は、定規と手が起こす微妙な風を受けて、ふわりと方向を変えるのです。(鴻上, 2009, pp. 17-18)

それではなぜ、私たちはこれほどまでに「空気を読む」ことに対して注意を払い、「空気を読めない」ことに対して過敏に反応するのか。一つには、「空気を読める／読めない」という尺度がコミュニケーション能力の高低と結びつけられているからである。コミュニケーション能力を重視する社会において「コミュニケーション能力が高い」という評価を勝ちとることは、優位な地位を得ることにもつながる。そこでのコミュニケーション能力が、広い意味で「ふさわしさ」を求めるものであったことを思い起こせば、「空気を読む＝ふさわしいコミュニケーションを行う」ことは、その能力を測る材料になりえてしまうのである。この論理において重要な点は、人びとが社会的な要請を内面化し、自ら進んでそれに従っていることだ。それは、コミュニケーション能力が重視される社会のあり方をますます強化していくだろう。

私たちが「空気」を信奉するもう一つの理由は、「空気」がもつ協調的側面にある。「空気を読む」というコミュニケーションは一人きりでは成り立たない。「空気」とは何よりもまず「共有」の証として作用するのである。その意味で、「空気」は「空気を読んでいる」限りにおいて、私たちに安心できる場を提供してくれるようにみえる。つまり「空気」がつくり出すみえない境界線は、その内側にいる人びとにある種の居心地のよさを与えてくれる。「空気」が恣意的であればあるほど、「読める」ということがそこでは価値をもつわけである。

図-1 「ふさわしさ」は影のようにつきまとう（写真／田仲康博）

3. 暗黙の了解

　ここで「空気を読む」ことの困難さをめぐる一つの興味深い事例をみてみよう。以下の会話を聞いて、あなたはどう感じるだろうか。

　　A：「約束したけど来ない。昨日メールした」
　　B：「返事は？」
　　A：「ない」
　　B：「それ約束したことにならないでしょ。相手はいいよと言ってないでしょ？」
　　A：「言ってないけど、無理とも言ってないです。暗黙の了解だから」

　これは2009年10月に放送された福祉番組『きらっといきる』(NHK)の一場面である。Aさんは知的障害をともなわない自閉症であり、この放送は「僕、空気読めないんです」というタイトルとともに自閉症特有のコミュニケーションのあり様を位置づけるものだった。しかし、上記の会話が示す認識の差異は、自閉症だから生じたものだと言いきれるのだろうか。似たような状況は、もしかすると誰にでも起こりうるのではないだろうか。
　とはいえ、大半の人はBさんの意見のほうが妥当であると思うかもしれない。すなわち「メールをして返事がなければ約束は不成立である」とする考え方である。しかし、なぜそれが妥当なのかと聞かれれば、「世間的にそう考えるのが普通だから」とか「そう捉えるのが暗黙の了解だから」としか答えようがないのではないか。ここで私たちはこの「暗黙の了解」が「空気」と同様に、いかに曖昧で不安定であるのかに気づかなければならない。なぜならば、他方でAさんは「暗黙の了解」という表現によって、「返事がなくても約束が成立している」と想定していたからである。つまり、「返事がない」状況を「約束の成立」と捉えるのか、はたまた「約束の不成立」と捉えるのかは、どちらも同じ「暗黙の了解」によって根拠づけられているのである。だとすれば、どうして一方を「空気を読めていない」と批判し、他方を「空気を読めている」

と評価することができるのだろうか。これこそまさに、私たちのコミュニケーションがいかに恣意的な「ふさわしさ」によって方向づけられているのかをよく表している。

4. 協調性と排他性

　ある言動に対する評価が「それをどう捉えるのか」によって変動するのであれば、私たちは常に「空気」をめぐるみえない境界線に立たされているような気がしてくる。「空気」の内側と外側はいつでも反転しうるはずなのに、それでも一応どちらが内でどちらが外かが決まっているようにみえるのは、そこに多数派の論理が働いているからだろう。ここで一つ明らかになるのは、「空気を読む」という行為が「言わなくてもわかる」といった協調的側面としてのみ捉えられるわけではなく、「空気を読めない」人びとを暗に排除するような排他的側面をもつことである。

　このような「空気」を保持することを第一の目的とする閉鎖的なコミュニケーションは、新しい視点を生み出したり、開かれた世界へ一歩踏み出したりする方向とは対極的な位置におかれているように思える。では、どうすればそのような状況を打破できるのだろうか。そのためには少なくとも、「よきコミュニケーション」の呪縛を解く必要がある。簡単なことではないが、何かを考えるとき、行動するとき、自分をがんじがらめにしている「ふさわしさ」を問いなおし、「そうではない可能性」に目を向けてみてもよいのではないか。そんなときに新たな視点を与えてくれるのが、「異なる他者」なのかもしれない（第1章参照）。

　問題となるのは、異なる他者と出あう場である。当然のことながら人と人が出あうのは特定の社会や文化のなかであり、それはかならずしも双方にとってフラットな場ではない。たとえば「空気を読めない／読まない」人もある意味では異なる他者といえるが、その人が「空気を読めない／読まない」人とみなされた時点で、その出あいはすでにその場の「空気」によって規定されてしまっている。それでも、「空気」に一瞬の

ゆらぎが生じるとき、自分が依拠している「空気」の頼りなさに思いいたったり、自分自身が誰かにとっての異なる他者でありうる可能性に思いをはせたりすることもできるだろう。

そもそも私たちの社会は多様な存在によって成り立っているはずである。自分と異なる存在に出あったとき、相手に一方的な同化を求めるのではなく、差異を通じて既存の「空気」や「場」のあり方そのものを組み替えていこうとする態度が、試されているのかもしれない。

5. 高コンテクスト文化／低コンテクスト文化

これまでみてきたように、「空気を読む」というコミュニケーションが支持される背景には、さまざまな要因が介在している。その点を勘案すれば、「空気を読む」という行為は単なる「文化的特性」の一言では片づけられないはずだ。にもかかわらず、それはしばしば日本文化に特有のコミュニケーション形態として位置づけられてきた。

異文化コミュニケーションの分野では、「高コンテクスト／低コンテクスト」という枠組みを用いて文化を対比させ、その文化のコミュニケーション特性を定めようとする考え方がある（ホール, 1993）。私たちが行うやりとりは、かならず特定の文脈（コンテクスト）をともなう。そのため、コミュニケーションはさまざまなコンテクスト（たとえば物理的コンテクスト、社会的コンテクスト、対人コンテクストなど）によって規定されているといえる。「高コンテクスト／低コンテクスト」という枠組みは、ある文化のコミュニケーション環境を「コンテクストへの依存度」から測ろうとするものである。「高コンテクスト文化」とはコンテクストにおける共有度が高く、暗示的なやりとりによってコミュニケーションが成り立つ文化を指す。反対に、「低コンテクスト文化」とはコンテクストにおける共有度が低く、明示的なやりとりを必要とする文化を指す。つまり低コンテクスト文化では言語による明確な表現を用いることで状況を規定する必要があるのに対して、高コンテクスト文化では人びとの間で前提が共有されているために「いちいちことばにしな

くてもわかる」というわけである。この枠組みにおいて、しばしば高コンテクスト文化の典型例とされるのが日本文化である。そうした解釈のもとで、「空気を読む」という行為は、暗示的なコミュニケーションの代表格とされてきた。

しかし、現代の「空気を読む」というコミュニケーションは、もう少し複雑な状況におかれているようにもみえる。というのも、「空気を読めている」とか「空気を読めていない」といった尺度をいちいち参照し、それを名指すことで状況を規定すること自体が、すでに暗示的なコミュニケーションとは反対の方向性をもつようにも思われるからである。私たちがことあるごとに「あの人は空気を読めていない」とか「空気を読め」とか言いたがるのは、そう言うことによって、実体のない「ふさわしさ」にあたかも輪郭を与えることができるかのように思っているからではないだろうか。

それに、そもそも「高コンテクスト文化＝日本／低コンテクスト文化＝米国」といった文化対比は、〈国＝文化〉という図式を所与のものとみなしている点で問題がある（第1章参照）。「空気を読む」という行為は日本文化という大きな枠組みより、むしろそのなかにある小さな文化コミュニティ間の差異を浮き彫りにするようにも思われる。そのような視点にたつとき、コンテクストから文化を対比する枠組み自体を捉えなおしていく必要があるだろう。

6.「わかりあい」が隠蔽するもの

私たちは「ふさわしさ」にとらわれている。しかし本来、コミュニケーションとはその場の「ふさわしさ」を追求するだけのものではないはずだ。たとえスムーズなメッセージ伝達や意思疎通による「伝えあい」「わかりあい」が達成されなかったとしても、私たちが誰かと出あい、関係を結ぶこと自体がすでにコミュニケーション行為なのである。それにもかかわらず、私たちはコミュニケーションするまえから「伝わるかどうか」「うまくいくかどうか」を気にして、コミュニケーションのあり方

を狭めたり、新たな関係性を結ぶ機会自体を放棄したりしていないだろうか。

　大手通信アプリ LINE を通して実施された「& HAND」[1]とよばれる「席ゆずり」サービスは、私たちのコミュニケーション観についてさまざまなことを示唆している。このサービスは、同じ車両に乗りあわせた「席を譲ってほしい妊婦」と「席を譲ってあげたい乗客」がマッチングアプリを通じて「席ゆずり」を行うもので、その目的の一つには、実際の声かけにともなう心理的なハードルの軽減が掲げられている。しかし、このようなサービスはごく限定的な範囲での「席ゆずり」を達成することはあっても、困っている人に対する配慮を社会的なレベルで問題提起・解決するわけではない。もしかするとこのような制度が、かえって関心のある人と関心のない人を隔てるものになりはしないか。

　誰もがその状況においてスマートな身のこなしができなくてもよい。恥ずかしければそっと相手に合図して席を立ち去っても、ときには声をかけて断られることがあっても、相手を気にかけるという行為のプロセスは無意味なものではない。たとえそのコミュニケーションの結末が不確定であったとしても、まわりの状況に目を向け、他者の存在を意識する態度こそが、異文化コミュニケーションの出発点となるだろう。

　「席ゆずり」の事例に限らず、人が誰かと関係を結ぶ方法は一つではないはずだ。コミュニケーションにさまざまなアプローチの仕方があるということは、私たちが誰かと関係を結ぶための回路が複数存在することを意味している。隣にいるごく親しい人でさえ自分とは「異なる他者」であることを理解し、「わかりあえること」をあたりまえとする前提を取り払うことが、コミュニケーションを開かれたものにしてくれるのではないだろうか。「ふさわしさ」の呪縛から逃れることは容易ではないが、コミュニケーションとは何かと自分自身に問い続けることも、一つの重要なコミュニケーションである。

（塙　幸枝）

1）2017 年 12 月に実証実験が行われた。

It's your turn. ディスカッションのために

1. あなたはこれまで「コミュニケーション」をどのように捉えていただろうか。この章を読んでそれはどのように変化したか、話しあってみよう。
2. 「空気を読めない」とはどのような状況を指しているのか。あなたが思う具体的な場面をあげ、なぜそう考えたのかを話しあってみよう。
3. 「よきコミュニケーション」の呪縛を解くためにはどうすればよいか。具体的な状況を想像しながら考えてみよう。

Let's try. さらに考えるために

　冒頭にあげたCMの例を思い出してほしい。もし4歳の子どもではなく大人によってこのやりとりがなされたとしたら、私たちは即座に違和感を抱くだろう。その違和感の背景には、「大人であればこれくらいのことは適切にできるはずだ」という「大人」に対するイメージがかかわっている。このように、さまざまなカテゴリーを用いることで人を特徴づけたり、まわりからどうみられるのかを決定づけたりすることを、ハーヴィー・サックスは「成員カテゴリー化装置」とよんだ。『エスノメソドロジー——社会学的思考の解体』(1987) に収録されている「ホットロッダー——革命的カテゴリー」を読んでみよう。

　私たちはコミュニケーションをする際に、相手が何者であるのかを気にせずにはいられない。そして相手が何者かを瞬時に把握するための一つの手段が、カテゴリー化なのである。しかしこのカテゴリー化はときに相手を特定のイメージのなかに閉じ込め、他者に「ふさわしさ」の圧力を振りかざすことになるかもしれない。またカテゴリー化は、同じカテゴリーに振り分けられた人びとのなかに差異や多様性があることをみえなくさせてしまう。身近な他者と向きあうときにも、「同じこと」のなかの「違うこと」に目を向ける必要があるだろう。

参考文献

鴻上尚史（2009）『「空気」と「世間」』講談社.
サックス, H.（1987）「ホットロッダー――革命的カテゴリー」『エスノメソドロジー――社会学的思考の解体』山田富秋・好井裕明・山崎敬一編訳, せりか書房, pp. 19-37.
ホール, E. T.（1993）『文化を超えて』岩田慶治・谷 泰訳, 阪急コミュニケーションズ.
Spitzberg, B. H., & Cupach, W. R. (1984). *Interpersonal communication competence.* Thousand Oak, CA: Sage.
Watzlawick, P., Beavin, J. B., & Jackson, D. D. (1967). *Pragmatics of human communication: A study of interactional patterns, pathologies, and paradoxes.* New York: Norton.

ネット時代においては、すぐに忘れてくれる国民の前で政治家の「失言」は繰り返される
（衆議院インターネット審議中継ビデオライブラリより、2016年2月9日予算委員会の一場面）

　「発言にそのような意図はまったくなかった。ただし、誤解を与えたのであれば申し訳なく思う。発言は撤回したい」。これは「差別発言」をとがめられたある国会議員が、その後の会見で述べた発言の一部である。私たちは、これをどのように捉え、理解すればよいのだろう。謝罪、弁明、釈明、開きなおり、それとも責任転嫁だろうか。ドイツの哲学者マルティン・ハイデッガーは、私たちの「言語使用＝語り」について「Die Sprache spricht. 言葉が語る」と述べた。これは〈すべては言葉の責任であり、言った私に責任がない〉ということではもちろんない。ハイデッガーの問いは「言葉のほうが語るのか。人間のほうではないのか」ではなく、「人間はどの程度に語るものなのか」であり、さらに「語るとはそもそも何か」（ハイデッガー，1996, p. 15）と尋ねているのだ。本章では、コミュニケーションにおける〈ことばと私たちとの関係〉について考えてみたい。

■ キーワード

シンボル、ことばの多義性、ことばの道具性、遮蔽物としてのことば

第3章

ことばというシンボル
メディア化する日常

1. 多義的なことば

　赤は「止まれ」、黄は「停止位置を越えて侵入してはならない」、そして青は「進むことができる」。私たちが街で見かける交通信号機の表示灯は、灯火の色がそれぞれ何を意味するのかが決まっている。それは全国共通であり、また原則、不変だ。たとえば、行く先々で灯火の色の意味がまちまちだったり、青色表示の意味が「進め」または「止まれ」、「急発進せよ」等々きまぐれに変わってしまったりしたら、交通秩序を保つことはできない。

　一方で、あることばが複数の意味をもっていたり、また一つの語が時と場合により複数の異なる意味を示したりするのを、私たちは経験上すでに知っている。ある単語の意味を知るために辞書を引いたとき、そこに一つの定義しか書かれていないことは例外中の例外である。つまり、ことばが多義的であることは、私たちにとってむしろあたりまえなのだ。

　ことばの意味やその強さは、それが使われる状況や環境、コンテクストにより、ときに大幅に、またときに微妙に変化する。交通信号の灯火と異なり、ことばとそれが意味するもの・こととの関係は、かならずしも一対一ではない。たとえば、「ハト」（ということば）は、私たち人間にもっとも身近な鳥類の一種の呼び名であるだけではなく、平和の「象徴」でもある。つまり、コミュニケーションにおけることばの働きは、シンボリックな意味合いが強いのだ。私たちが使うことばの一つひとつにそれぞれ確固たる・オリジナルな意味が内包されているというよりは、言外的なことがらこそがことばの意味を決定する重要な要素になるとすらいえるかもしれない（渡辺, 2009）。

　もちろん、いくらことばが多義的であっても、それが意味する複数の

もの・ことの間にまったく関連性がないということにはならない。記号学では、あることばが意味するであろう複数のもの・ことを明示（デノテーション）と暗示（コノテーション）に分類する（バルト, 2008）。ただし、これら二つがまったく独立したかたちで存在するわけではかならずしもない。たとえば「侍ジャパン、決勝ラウンド進出に黄信号」という新聞のスポーツ欄の見出しは、「（野球の世界大会の予選で苦杯をなめた）日本代表チームがおかれている難しい状況」を表している。チームが決勝ラウンド進出を決定できないでいるという暗示がわかるのは、「黄信号」ということばの明示的意味（注意を促す意味の信号機の灯火）がそこにあるがゆえのことだ。つまり、明示あってこその暗示なのだ。

2. ことばの道具性

コミュニケーションを学ぶ者が、ことばについてまず思い浮かべるのは「道具」「手段」というイメージではないだろうか。ケネス・バークは、人間を「シンボルを使用する動物（symbol-using animal）」（Burke, 1966, p. 3）と称した。実際に私たちは、日々ことばというシンボルを用い、さまざまなコミュニケーションに参加している。年賀状や暑中見舞いといった書面による挨拶、口頭での演説・議論・討論、またインターネットやスマートフォンでのメッセージのやりとりなど、ことばを道具として使うことなしにできる社会活動はほぼないといってよい。異文化コミュニケーション、とくにいわゆる「外国人」とのコミュニケーションにおいて「外国語」の学習を重視するのも、言語の使用に熟達していることが、コミュニケーションを円滑にするためには不可欠であるとの前提にたっているからにほかならない（第7章参照）。

確かにことばは、人間にとってもっとも使い勝手のよい道具といえる。ただし、私たちがここで一つ考えておくべきは、道具としてのことばの「悪用」である。つまり、ことばはかならずしもよいことだけのために用いられるわけではないのだ。詭弁を弄して他人をだます行為も、道具としてのことばの熟達があるからこそなせる技である。口八丁

手八丁の「悪徳商法」や「振り込め詐欺」の類は、身近に存在することばの悪用の典型例だろう。また、上西充子が「ご飯論法」とよぶ、以下のようなやりとりは、先にみたことばの多義性の悪用、悪質な誤謬（equivocation）以外の何ものでもない。

　　Q「朝ごはんは食べなかったんですか？」
　　A「ご飯は食べませんでした（パンは食べましたが、それは黙っておきます）」
　　Q「何も食べなかったんですね？」
　　A「何も、と聞かれましても、どこまでを食事の範囲に入れるかは、必ずしも明確ではありませんので…」
　　Q「では、何か食べたんですか？」
　　A「お尋ねの趣旨が必ずしもわかりませんが、一般論で申し上げますと、朝食を摂る、というのは健康のために大切であります」
　　Q「いや、一般論を伺っているんじゃないんです。あなたが昨日、朝ごはんを食べたかどうかが、問題なんですよ」
　　A「ですから…」
　　Q「じゃあ、聞き方を変えましょう。ご飯、白米ですね、それは食べましたか」
　　A「そのように一つ一つのお尋ねにこたえていくことになりますと、私の食生活をすべて開示しなければならないことになりますので、それはさすがに、そこまでお答えすることは、大臣としての業務に支障をきたしますので」[1]

　とりわけ、絶対的な価値判断を含意するようなことばの使用が両刃の剣であるとするシモーヌ・ヴェイユ（1969）の言を、道具の使用者たる私たちは意識する必要があるだろう。神、真理、正義、愛…これらのことばは「もし善用されるならば、それ自体、善を顕揚し、人びとを前に立ち向かわせるという効力をもつ（中略）それらは、絶対的な、われわれには把握しがたい完徳と呼応しあうことばである。善を顕揚し、高みへと人びとを牽引する」（ヴェイユ, 1966, p. 44）力をもっている。

---

[1] 上西充子（2018年5月7日）「『朝ごはんは食べたか』→『ご飯は食べてません（パンは食べたけど）』のような、加藤厚労大臣のかわし方」https://news.yahoo.co.jp/byline/uenishimitsuko/20180507-00084931/（最終アクセス日：2019年2月16日）

それと同時に、これらのことばの「悪用」がどのような結果をもたらしてきたかについては、歴史が示すとおりである。たとえば、「聖戦」「正義の戦争」の名のもとで、これまでどれくらいの血が流され、いくつの尊い命が失われてきたのか考えてみるとよい。逆にいえば、そのようなことばによって綴られる大義名分の効力なしには、人殺しを人びとが無批判で許容することはむしろ考えにくい。ことばを使っていた（つもりの）私たちが、気がつけば「ことばに使われている」ことが往々にしてあるのだ。

3. 始めにコミュニケーションありき

コミュニケーションということばは、英語のcommunicationをカタカナで綴ったものである。「ともに」を意味するcom-という接頭辞が示すとおり、コミュニケーションは、そこに自分以外の誰か、つまり他者の存在を前提としている。つまり他者と「ともに」何かを行うこと、シンボルを介した共同作業・協働（相互作用、分かちあい、協調、合意形成など）が、コミュニケーションということになる。そして私たちの多くは、ことばによるコミュニケーションを行うにあたって、その他者との間にことばに関する共通ルール（規範、取り決めなど）があってしかるべきだと考えている向きがある。

たとえば、[neko]という発音から、「ニャーニャーと鳴く、四つ足の哺乳動物」をイメージできない相手に対し、「ね・こ」ということばを用いてその動物の賢さを語っても徒労に終わるだろう。一時的・暫定的であるにせよ、ことばに関する一定の共通ルールなしでは、私と他者の間にシンボルを介した共同作業・協働をみいだすことは難しい。また、昨今の英語学習の動機として「グローバル化」があげられて久しいが、そこには英語が世界共通語の一つであるという前提がある（本名, 2013）。つまり、英語は世界の人びとが共有することばであり、それゆえその使用ルールを習得し使うことができなければ、グローバル化のなかで互角に相手と渡りあうことはできない、というわけだ（第7章参照）。

その一方で、日々のコミュニケーションにおいて、前述したような共通ルールがかならずしも必要とされないことが少なからずあるのも、私たちは知っている。少なくとも、共通ルールは、コミュニケーションを始めるにあたっての「大前提」ではない。そもそも、道具としてことばを使うためのスキル（言語運用能力）は、後天的に、それも「コミュニケーションを通じて」習得される。ことばの使用についてのルールは、私たちが生まれながらにもっている才能（talent）ではなく、あるときは母親との、あるときは学校の先生との対面でのやりとり、またあるときは「学習書」や「テレビの語学講座」といったメディアを介したやりとりにより習得・共有されるのだ。つまり、共通ルールに先立つものとしてコミュニケーションの存在があることを認識すべきだ。私たちと他者との間にある共通項ではなく、むしろ異なる部分や隔たり（gap）があるからこそ、コミュニケーションが可能であるとさえいえるかもしれない（Peters, 1994）。

　さらに、コミュニケーションはことばのルール、あるいはことば自体が生まれる場でもある。たとえば、日本語を母語とするあなたと、日本語を解さないベトナム語母語話者の友人とのコミュニケーションを考えてみよう。もちろん、相手の母語（自分にとっての外国語）をお互いに習得し共有すれば、それを道具として用いたやりとりは可能だ。または、仲よくなる過程で、ベトナム語とも日本語ともよべない、二人の間だけで通用するような「接触言語」（クリスタル, 1992, p. 475）がつくられ、それがお互いにとっての共通のことばとなることもあろう。人間はコミュニケーションを通じ「シンボルを作る動物（symbol-making animal）」（Burke, 1966, p. 3）でもあるのだ。

4. ことば・権力・支配

　ここまでみてきたように、人間が「シンボル＝象徴を使用する・作る動物」であることに疑いの余地はないだろう。同様にクラウス・ミューラー（1978）は、「人間は象徴を使用する生命体」であると述べ、さら

に「象徴を支配する者こそわれわれを支配する」とも書いている。ここでミューラーは、ことばというシンボルの使用者たる私たちの、どのような特徴に言及しているのだろうか。

　もっともわかりやすい具体例は、おそらく、植民地における言語政策だろう。国家がその支配を外に向かって拡張し、覇権を拡大する際、ことばを共有しない他者の存在はさまざまな意味でやっかいである。それゆえ、支配者たる宗主国は、彼女／彼らのことばを奪い、その代わりに自分たちのことばを強要・強制することで、支配を強固なものとしてきた。たとえば現在、南米大陸に居住する多くの人びとの「母語」が、スペイン語やポルトガル語といった欧州イベリア半島にルーツをもつことばであるのは、そのような歴史の産物であることを私たちは認識すべきだ。より身近な例としては、近代日本における「蝦夷地」開拓や沖縄・台湾・朝鮮半島の併合にともなう、義務教育としての〈日本語＝『国語』教育〉を考えてみるとよい。そこに、「国家は国民を何らかの形で掌握しなければならない」（安田, 2006, p. 33）という植民地主義の支配的発想をみることは、さほど難しくないだろう。

　ことばは単なる道具ではなく、私たちと世界とを仲介する（mediate）働きをもったシンボルでもある。ジョージ・レイコフとマーク・ジョンソン（1986）は、提喩や換喩といったメタファー（metaphor）に代表される言語表現について重要な指摘を行っている。そうした言語表現は、私たちの現実感・世界観を司り、何が正しく、何が間違っていて、私たちは何をすべきかについての概念的枠組み（conceptual framework）を提示するというのだ。たとえば、2001年の「世界同時多発テロ」以来、すっかり定着した感のある「テロとの戦争（War on Terror）」ということばだが、本来「戦争」とは「殺るか殺られるか」の殺しあいであり、より冷静かつ予防的な対応が求められるテロに対してそのような表現を用いることは、きわめて不適切であるとの指摘が早くからなされていた[2]。実際、「テロとの戦争」は、アフガニスタン紛争、イラク戦争を経ていまだに終結せず、泥沼化している。テロへの対処を「戦争」のそれではなく、警察のごとく「犯罪（crime）」と捉え、「情報収集」

「捜査」そして「防犯」を軸にした対処をほどこしていたら、少しは状況が変わっていた可能性はないだろうか。

ケネス・バークも、私たちと世界を仲介することばの働きについて、早くから気づいていた。彼はその働きを、ときに「私たちの目を曇らせる遮蔽物（screen）」と形容した（Burke, 1966, p. 45）。たとえば、原子力災害における「ニュークスピーク（Nukespeak）」(Hillgartner, Bell & O'Connor, 1983) の問題を考えてみるとよい。国際原子力事象評価尺度によれば、1995年に起こった高速増殖炉「もんじゅ」のナトリウム漏洩や、1997年の動燃東海事業所火災爆発といった原子力災害は、「事故（accident）」ではない。あくまでも「事象（incident）」なのだ。「単なる」汚染水漏洩をうっかり「事故」などといってしまったら、それこそ「大事（故）」だ。たとえ「施設内の重大な放射性物質による想定外の汚染」をともなっていたとしても、それは「事象」でしかなく、原子力施設内の出来事について、ことばという遮蔽物を通してしかアクセスできない私たちは、そのように認識するしかない。そう、「事故」は起きなかった（といわなければならない）のだ。

図-1 ある電力会社の企業倫理遵守に関する行動基準
（2011年4月筆者撮影）

5. ネット時代のことば

私たちの生活は「現に自分が生きている技術的環境に支配」されており、また「すべての世代がその世代特有のメディア構造のなかで生きている」（ガンパート, 1990, p. 15）。たとえば、ラジオ時代に生まれた人たちとそれ以前に生まれた人たち、また白黒テレビの世代と、カラーテ

---

2) Lakoff, G. (2006, September 11). Five years after 9/11: Drop the war metaphor. *Huffington Post*. https://www.huffingtonpost.com/george-lakoff/five-years-after-911-drop_b_29181.html（最終アクセス日：2019年2月16日）

レビあるいは 4K 時代の私たちとでは「ものの見方が違う」(ガンパート, 1990, p. 16) と考えてよいだろう。他方、有史以来、私たちはことばを使い続けている。本章では、私たちにとって一番身近なコミュニケーションの道具である、ことばと私たちとの関係について検討した。

現代の常時接続社会を生きる私たちにとって、たとえ自室で一人過ごす休日であっても、コミュニケーションから逃れることはきわめて困難である(松田・岡部・伊藤, 2005；ハリス, 2015)。そして、情報通信技術の普及によって、SNS、メール、ブログなど、コミュニケーションのユビキタス化が現実となった現代社会において、ことばの重要性はこれまで以上に増しているとさえいえる。私たち人間はシンボルを使用する・作るだけではなく、「シンボルを誤用する動物（symbol-misusing animal）」(Burke, 1966, p. 3) でもある。ことばによるフェイク・ニュースやヘイト・スピーチが四六時中、シームレスにサイバー空間を飛び交うのが、私たちの世界である。だからこそ、より一層ことばの働きを意識し、ときには批判的に考える必要があるのだ。

(青沼 智)

It's your turn.　ディスカッションのために

1. コミュニケーションにおいて、ことばの多義性は長所だろうか、それとも短所だろうか。具体的な事例を出し、話しあってみよう。
2. コミュニケーションがことばを生んだ例、またことばの意味を変更・調整した例が身近にないだろうか。話しあってみよう。
3. Instagram や YouTube など、画像や動画が主流のネット時代における、ことばの重要性について話しあってみよう。

> **Let's try.** さらに考えるために
>
> 　外国語を学ぶには,「他者のことば」ではなく「自分のことば」として捉えなおすことが重要であるとしばしばいわれる。確かに, 英語にせよ中国語にせよ, あるいは日本語にせよ, いつまでも他者・他国の言語としてそれを捉えていれば,「ネイティブ・スピーカー」には近づけないだろう（第7章参照）。さらに,〈英語＝英国の言葉〉〈中国語＝中国の言語〉といった等式がもはや現実を反映するものではない今日, 言語を国家・民族のしばりから解放し,「わたし」のものとして考えなおさなければならない。明治維新後, 国民統合の名のもとにつくられた〈国語＝日本語〉がたどった数奇な運命を描く, 安田敏朗の『「国語」の近代史』（2006）は, 日本で異文化コミュニケーションを学ぶ者にとって示唆に富む論考である。ここでの議論を手がかりに, 国語から解放された「わたしのことば」としての日本語の可能性について, 考えてみるのもよいだろう。

参考文献

ヴェイユ, S.（1969）『ロンドン論集とさいごの手紙』田辺 保・杉山 毅訳, 勁草書房.

ガンパート, G.（1990）『メディアの時代』石丸 正訳, 新潮社.

クリスタル, D.（1992）『言語学百科事典』風間喜代三・長谷川欣佑監訳, 大修館書店.

ハイデッガー, M.（1996）「言葉」『言葉への途上 ハイデッガー全集第12巻』亀山健吉・グロス, H. 訳, 創文社, pp. 3-33.

ハリス, M.（2015）『オンライン・バカ――常時接続の世界が私たちにしていること』松浦俊輔訳, 青土社.

バルト, R.（2008）『零度のエクリチュール（新版）』石川美子訳, みすず書房.

本名信行（2013）『国際言語としての英語――文化を越えた伝え合い』富山房インターナショナル.

松田美佐・岡部大介・伊藤瑞子編（2005）『ケータイのある風景――テクノロジーの日常化を考える』北大路出版.

ミューラー, C.（1978）『政治と言語』辻村 明・松村健生訳, 東京創元社.

安田敏朗（2006）『「国語」の近代史――帝国日本と国語学者たち』中央公論新社.

レイコフ, G.・ジョンソン, M.（1986）『レトリックと人生』渡部昇一・楠瀬淳三・下

谷和幸訳, 大修館書店.

渡辺　誠 (2009)「言葉が人を動かすのか」『言葉は社会を動かすか』松永澄夫編, 東信堂, pp. 249-285.

Burke, K. (1966). *Language as symbolic action: Essays on life, literature, and method.* Berkeley and Los Angeles: University of California Press.

Hillgartner, S., Bell, R. C., & O'Connor, R. (1983). *Nukespeak: The selling of nuclear technology in America.* New York: Penguin Books.

Peters, J. D. (1994). The gaps in which communication is made. *Critical Studies in Mass Communication, 11,* 117-140.

号泣しているのだろうか、爆睡しているのだろうか、それとも…（イラスト／ふるきまりあ）

　教室の片隅にポツンと座り、いつも一人で過ごしている。まわりの友達に話しかけられず、仲間の輪に加わることができない。学校生活を描く漫画には、こういう人物がよく登場する。しかも多くの場合に、彼らは「物言わぬ人」「おとなしい人」として描写される。たとえば、青年漫画『ケッチン』（2009-2013, 週刊ヤングマガジン）に登場する気弱な主人公ユウは、その寡黙さゆえに学校という場において孤立し、スクールカーストの下位に位置づけられている。漫画であれば、「心の声」はモノローグとして読者のもとに届く。しかし現実世界では、沈黙する人の「心の声」を直接聞くことはできない。つまり、そこでの「沈黙」の意味はまわりの解釈に委ねられるのである。本章では、この「沈黙」という行為に注目しながら、非言語コミュニケーションにおける意味解釈の問題について考えていく。

── キーワード ──
沈黙、非言語メッセージ、文化的コード、場面緘黙（かんもく）

第4章

ことばにできないメッセージ
沈黙の意味

1. 沈黙のイメージ

　ここ数年、ちまたでは会話術を指南する啓発本が流行している。そうした本の表紙に踊る「会話がとぎれない」「会話に困らない」といったフレーズは、私たちに「黙るな、話し続けろ」とよびかける。このような状況からは二つのことがみえてくる。まず一つには、私たちが沈黙を恐れている、ということである。もう一つには、沈黙が言語コミュニケーションにおける「欠落部分」とみなされている、ということである。

　実際に、私たちはごく親しい人との会話においてさえ、そこに一瞬の沈黙がおとずれると気まずさを感じたりする。しかしその気まずさは、「沈黙はよくない」とする私たちの合意にもとづく感覚にすぎない。別の見方をすれば、沈黙は相手がじっくり考えている証拠かもしれないし、黙っていてもかまわないと思うほど相手があなたに気を許しているだけかもしれない。しかし、「話すこと」に重点をおくとき、どうやら沈黙は「できないこと」の表れとして理解されているようだ。つまり、沈黙は「話すことの裏面」「言語の不在」としてイメージされているのである。そしてそのイメージを払拭することは難しい。

> 沈黙は、単に人間が語るのを止めることによって成り立つのではない。沈黙とは単なる『言葉への断念』以上のものである。つまり、沈黙とは、人間が都合次第でおのが身をそこへ移し置くことの出来るような単なる一つの状態ではなく、それ以上のものなのだ。なるほど、言葉が終るところでは沈黙がはじまりはする。しかし、沈黙がはじまるのは、なにも言葉が終るからではない。沈黙は、言葉が終るときに、明瞭に意識されるだけのことである。(ピカート, 2014, p. 1)

私たちが前提とする沈黙のイメージを一度脇においてみると、沈黙の意味を積極的に捉えなおすことが可能になるだろう。そこで必要とされるのは、沈黙を一つのコミュニケーションとして捉える視点である。

2. 多種多様な非言語コミュニケーション

普段、私たちが行っているコミュニケーションは、言語コミュニケーション（verbal communication）と非言語コミュニケーション（nonverbal communication）の二つの側面がある。言語コミュニケーションとは、言語（音声言語や文字言語）を使用したコミュニケーションのことである。もう一方の非言語コミュニケーションとは、言語以外の手段を用いたコミュニケーションのことである。ただし、両者は完全に分離したものとしてばらばらに生じるわけではなく、たいていのコミュニケーションにおいて、私たちは言語と非言語の両面からメッセージを発したり受けとったりしている。

言語コミュニケーションが重視される社会においては、ことばによる伝達こそがもっとも的確で効率的な方法だとしばしば信じられているが、私たちのコミュニケーションは、非言語メッセージに負うところがかなり大きいのだ。右ページの表が示すように、実にさまざまなものが非言語メッセージになりうるのである。

私たちが発する非言語メッセージは、意識的にコントロールできるものばかりではない。実際に、毎分毎秒、自分の一挙手一投足に気を配ることなどとうてい不可能である。その意味で私たちは、常に非言語メッセージを身にまとって生きているといってもよい。

誰かと何かを話すとき、つまり言語コミュニケーションにおいてさえ、非言語要素を排除することはできない。私たちがことばを発するとき、そのことばはどのような声によって伝えられるのか。声の高低や強弱、抑揚や間の取り方などは、準言語（パラ言語）とよばれる非言語要素である。声のみならず、その声を発する人の身体も非言語要素になる。話すときの姿勢や身振り、表情などによって、メッセージのニュアンス

種類	具体的な内容
身体動作	顔の表情, 身振り, 手振り, 姿勢, 眼差しなど
外見的特徴	体つき, 髪・肌の色, 服装など
身体接触	抱擁, 握手, 殴打など
におい・香り	体臭, 香水, デオドラントなど
準言語	声の出し方や性質など
空間	相手との距離や角度, 空間の使い方など
時間	時間の捉え方や使い方など

表-1 非言語メッセージの種類 (池田, 2010, p. 53)

は変化する。

このように考えると、「人はコミュニケーションしないわけにはいかない（One cannot not communicate）」という表現は（第2章 p. 25 参照）、非言語コミュニケーションの側面からみても妥当である。自分や他者がそこに存在するだけで、それはすでに十分な情報源になりうるのである。

3. 非言語メッセージの意味解釈

たとえば、あなたが誰かを食事に誘うとしよう。「来週の水曜日にランチでもいかがですか」というあなたの問いかけに対して、相手は黙り込んでしまった。そんなとき、あなたは相手の沈黙をどのように意味づけるだろうか。「断りたい」「迷っている」「興味がない」「聞いていなかった」「無視している」「照れている」「周囲の目が気になって答えられない」など、本来、その沈黙はいかようにも意味づけられるし、判断に迷うのであれば、その意味を宙づりにしたまま放置しておいてもよい。それでも私たちはたいていの場合、その沈黙の意味を何とか特定しようとするはずだ。

あらゆる非言語行為は、言語行為やほかの非言語行為と独立して生じるわけではない。電話のように相手の顔がみえない状況で誘ったのか、それとも面と向かって誘ったのか。沈黙している相手はどんな表情やたたずまいをしているのか。あなたは相手とどのような間柄なのか。たと

え沈黙自体の意味が不確定であったとしても、私たちは沈黙を取りまくさまざまな要素を手がかりに、その意味を推測することができる。非言語コミュニケーションの意味は、それがおかれた状況や文脈から離れて考えることはできないのである（ヴァーガス, 1987）。

　状況や文脈といった要素のほかにも、非言語メッセージの意味を規定するものがある。それが文化的な「コード」である。コードとは、メッセージの生成過程や解釈過程においてその意味を定めるための「規約の体系」を指す。もっと簡単にいってしまえば、コードとは、メッセージのやりとりを行う際に参照される「常識」や「ルール」のようなものと考えることができる。コードは特定の社会や文化のなかで共有されており、私たちはそれを習慣的に身につけている。だから、同じものごとや行為に対しても、文化的コードの違いによって異なる意味解釈がなされることがある。

　たとえば、親指と人差し指で円形をつくるジェスチャーがある。「オーケーサイン」という呼び名が示すように、日本ではそれがしばしば「承諾」や「同意」を意味するサインとして用いられる。しかし別の文化的コードにおいては、それが相手への「侮辱」として解釈されることもある。同様に、沈黙に対する意味づけも、文化的コードによって異なる。来客へのもてなしや食事中のマナーとして沈黙を重んじる文化もある。多くを語らないことを美徳とする文化的コードのなかでせわしなくしゃべり続ければ、それは非常識な行為とみなされるだろう。

　私たちのコミュニケーションがコンテクスト（状況や文脈）やコードの関与なしには成り立たないことを考えれば、非言語メッセージの意味はそこに最初から内在するものではなく、それを「解釈する」という行為を通して初めて明らかになるものなのである。

4.「話さない」と「話せない」

　しばしば沈黙は、「話さない」という本人の選択によって引き起こされた状況であると理解されがちである。しかし、もしそれが「話さない」のではなく、「話せない」結果として生じた状況であるとしたらどうだろうか。とくに学校のようにある種の均質化が生徒たちに要求される制度のなかでは、沈黙が「人見知り」「恥ずかしがり屋」といった個人的な特性に還元されてしまうことで、ある環境がその人を沈黙させているかもしれない、という可能性は排除されてしまう。

　「場面緘黙」ということばを聞いたことがあるだろうか。場面緘黙とは、家庭などでは自由に話すことができるのに、学校や職場など「特定の場」では会話をしたり声を発したりすることが困難になる症状のことをいう。場面緘黙の症状によって話すことができないにもかかわらず、それが単なる「大人しい」性格として片づけられてしまうことも多いという。そのせいで場面緘黙であることがみすごされたり、発見が遅れたりすることがあるとすれば、沈黙を性格の問題として片づけようとする「決めつけ」は、抑圧的な力にすらなりうるのだ。

　ちなみに、この場面緘黙における場面とは、「場所」「人」「活動内容」の三要素によって決定されるものとして捉えられている[1]。つまり、学校で場面緘黙の症状が出ることは、教室という物理的な空間だけに原因があるわけではない。クラスの閉鎖的な人間関係が「話せない」状態に深く影響したり、授業中よりもむしろ休み時間の過ごし方に苦痛を感じたりするケースもあるという。場面緘黙の事例は、その「場」やそれを構成する「空間」「対人関係」といった非言語要素が、いかにコミュニケーションのあり方に影響を与えるかを示してもいる。

　同じ学校に、同じ職場に、もし何らかの理由によって沈黙させられている人がいたとして、それに気づくことはできるだろうか。気づくことができなかったとしたら、それはなぜなのだろうか。「話せない」状況

---

[1] かんもくネット「場面緘黙とは」http://kanmoku.org/kanmokutoha.html（最終アクセス日：2018 年 11 月 13 日）

に少なからず社会的な抑圧が働いていると知っているのであれば、多くの人はそれをないがしろにしてよいとは思わないはずだ。むしろ、「話せない」状況を何とかして改善したり、せめてその人の考えに耳を傾けようとしたりするかもしれない。そのとき採用されるのが、「相手に語る機会を与える」「相手が語るまで待つ」という方法である。

しかし、一見すると親切にみえるそのような態度にも、実はある種の暴力性が潜んでいるかもしれない。なぜならば、「語るのを待つ＝拝聴する、傾聴する」という態度には、「相手はかならず話せるはずだ」「話さなくても言いたいことがかならずあるはずだ」との確信が前提とされているからである。それは、相手が「語る術をもたない」可能性や、語られたことが「語らされたこと」かもしれない可能性を脇に押しやってしまう。

〈支配／被支配〉の構造を帯びることで、「語る」という行為がかならずしも純粋な声を届ける透明なプロセスではないことを指摘したのが、ガヤトリ・C・スピヴァク（1998）の『サバルタンは語ることができるか』だった。スピヴァクはとくに東洋／西洋、女性／男性、民衆／知識人といった差異に目を向けながら「サバルタン（＝社会的に抑圧された従属的・副次的な存在）は語ることができるか」と問う。もし被支配的な立場におかれた人びとの声が届けられることがあったとしても、それがあくまで支配的な立場にある人びとのことばを借りてなされたものであるならば、そこには抑圧を実行してきた権力構造が維持されてしまう。このように、「語らない」のではなく「語れない」状況にまで視野を広げてみると、会話と沈黙の間に、あるいは言語と非言語の間に二項対立的な優劣関係を定めてしまうことの暴力性がみえてくる。

5. 言語／非言語の優劣関係

しばしば沈黙が「話すことの裏面」「言語の不在」として理解されてきたように、非言語コミュニケーションと言語コミュニケーションを表裏一体のものとして捉えようとする認識は根深い。すなわち、言語コ

ミュニケーションが十分に発揮できないときに、非言語コミュニケーションがそれを埋めあわせる手段になる、という理解である。

　人が沈黙を恐れ、そこにことばをみいだそうとするのは、その背後に、「言語によるスムーズなやりとりこそがコミュニケーションのあるべき姿だ」との了解事項が共有されているからである。たとえば、場面緘黙の治療プログラムのなかでは、対象者の症状を測るための質問項目の一つとして「言葉によるコミュニケーションが難しい時に、簡単な非言語コミュニケーション（例えば、うなずき、指さし）を使っていますか？」（バーグマン, 2018, p. 21）というものがある。この項目のどこに問題があるのだろうか。ここで問いたいことは、治療プログラムの是非ではない。あまりにもあたりまえに非言語が「言語の代用・補足」としてみなされていること、また、「言語の前段階的なステップ」とみなされていることである。そうした共通認識は、場面緘黙の事例に限らず、「話せる」ことに重きをおくことで、「話せない」状況にある人びとが一方的に弱い立場におかれてしまう社会構造を、是認することにつながりかねない。

　非言語メッセージは言語の代用や補足にとどまらず、ときには「言語メッセージと矛盾することを伝え」たり（池田, 2010）、またことばよりも力強いメッセージとして人びとに作用したりする、ということを知るべきだろう。しかも、ことばと身振りの間に大きな落差がある場合、言語メッセージよりも非言語メッセージのほうがその人の本音を表していることもある。たとえば、学校という場で起こるいじめの一例に「集団無視」がある。無視がいじめになりうるのは、まわりの誰にも何も言われず、自分の存在を素通りされることが、ことばで攻撃されるのと同様に、あるいはそれ以上に、その人を傷つけるからだ。「無言の圧力」は、無言なのに圧力になるということではない。無言だからこそ圧力になるのである。そう考えれば、非言語メッセージが言語メッセージよりも劣っているわけではなく、それどころか、非言語が言語以上の力をもつことも十分にありえるのだ。

6. 多様な解釈の可能性

　沈黙という非言語メッセージだけではなく、あらゆる非言語メッセージの意味には、本来、多様な解釈の余地がある。そのことを忘れ、あるメッセージを一方的に解釈することが、誰かの発している切実なメッセージをみおとしてしまう結果につながることもあるだろう。たとえば一般的に「微笑む」という行為は、状況に対する肯定的な意思表示として受けとられている。しかし、この「微笑み」が、「(話したくても)話せない」といった消極的な理由によって表出される場合がある。その一例が「微笑みの障害」ともよばれる、難聴者のコミュニケーション状況である。難聴とは、聴力が弱く聞こえづらい状態をいう。難聴者は、日常生活のなにげない会話のなかで相手のことばが聞き取れないとき、聞き返したら相手が気を悪くするのではないか、場の雰囲気をこわすのではないかと、まわりにあわせて微笑むことがある。その微笑みには、単純な同意や肯定に収まらない複雑な感情が込められているのだ。

　似たような経験は誰にでもあるはずだ。言語によって、話題によって、人間関係によって、自分だけがうまくその場の会話に入っていけなかったら、沈黙するしかないだろうし、場の空気をこわさないようにただ微笑むしかないだろう。それがかならずしも自ら望んだ行為ではないことに気づくとき、コミュニケーションが言語メッセージや非言語メッセージの表面的な意味だけによって成り立つわけではないことがみえてくる。

　コミュニケーションの意味は、「解釈する」という作業を通じて生成されるものである。その解釈にはどうしても社会的・文化的コードが介在せざるをえない。コードとは慣習的な合意のうえに成立するものであったが、私たちはこの「慣習」や「合意」がけっして絶対的なものではないことに注意しなければならない。自分が依拠するコードとは別のコードが複数存在しうることを理解し、他者のふるまいや、ものごとに対する「妥当な解釈」の外側におかれた「余地」に目を向けることが、新たな視点の獲得につながるだろう。

（塙　幸枝）

It's your turn. ディスカッションのために

1. 非言語メッセージは、人の印象を捉えるためのどのような判断材料になっているのか、二人一組で自己紹介をしながら観察してみよう。
2. 会話中に相手が沈黙したら、あなたはその意味をどのように解釈するだろうか。また、別の解釈の余地はないか、話しあってみよう。
3. 「話さない」ことと「話せない」ことの違いは何だろうか。それを見分けることは可能かどうかを考えてみよう。

Let's try. さらに考えるために

　話されたことばが声という非言語要素をともなうように、書かれたことばもまた、文字表記をめぐる非言語要素をともなって表れる。書かれたことばが漢字表記なのかひらがな表記なのか、句読点がどこか、文字のフォントは何かによって、伝わるメッセージは異なってくる。

　たとえば、地震発生時にテレビ画面に流れる津波警報の表記を考えてみよう。画面上部に小さい文字で表示される「気象庁は次の地域に津波警報を発表」という表記と、画面中央に大きい文字で表示される「つなみ！ にげて！」という表記とでは、受け手に与える印象が大きく異なる。あるいは緊急性の高い情報の場合、ことばの印象やニュアンス以前に、より多くの人が情報にアクセスできるか否かを考慮に含めることも必要になるだろう。漢字やひらがなを読めない人がいるかもしれない、そもそも識字できない人がいるかもしれない。あべやすしの『ことばのバリアフリー』(2015)では、情報提示のあり方が、文字や声といった形式だけではなく「感覚モダリティ」(人間がもつ感覚の様相)の観点から、多角的に議論されている。

参考文献

あべやすし（2015）『ことばのバリアフリー――情報保障とコミュニケーションの障害学』生活書院.

池田理知子（2010）「非言語コミュニケーション――不自由な体と『身体改造』の意味」『メディア・コミュニケーション論』池田理知子・松本健太郎編著, ナカニシヤ出版, pp. 51-66.

ヴァーガス, M. F.（1987）『非言語(ノンバーバル)コミュニケーション』石丸 正訳, 新潮社.

スピヴァク, G. C.（1998）『サバルタンは語ることができるか』上村忠男訳, みすず書房.

バーグマン, R. L.（2018）『場面緘黙の子どもの治療マニュアル――統合的行動アプローチ』園山繁樹監訳, 二瓶社.

ピカート, M.（2014）『沈黙の世界』佐野利勝訳, みすず書房.

手のなかにある「世界」と現実との回路（写真／田仲康博）

　日本での携帯電話やスマートフォンといったモバイル端末の保有率は、83.6％とかなり高い[1]。この数字からみえてくるのは、端末を通して頻繁に行われているコミュニケーションの様子である。地球の裏側で起こった出来事でも瞬時にその情報は手もとに届き、欲すれば世界中の人びととつながれるという、まさにグローバル化のただなかを私たちは生きているのである。ところが、グローバルな情報社会の住民の姿と、たとえばLINEで常に家族や友人と連絡を取りあったり、ファン交流サイトなどで趣味が同じ者と情報を交換しあったりする利用者の姿は重ならない。個々人の興味の範囲は「半径数十メートル」以内にとどまっているようにも思える。まるでグローバルに広がる世界と、モバイル端末でつながる「世界」との間には大きな隔たりがあるかのようだ。

■ キーワード

グローバル化、情報化社会、監視社会、地球村

---

1) 総務省（2009）「平成29年版情報通信白書通信」http://www.soumu.go.jp/johotsusintokei/whitepaper/ja/h29/html/nc262110.html（最終アクセス日：2018年12月24日）

第5章

グローバル化とメディア
情報化社会と私たち

1. 世界をかけめぐる情報と生活のペース

　グローバル化が進むなかで、私たちのコミュニケーションのペースは以前とは比べものにならないほど速くなった。駅などの公共の場所で、「歩きスマホは危険ですからおやめください」といったアナウンスを耳にすることが多くなったが、これもそのことの一つの証左ではないだろうか。移動している間でもSNSやメールを通して送られてくるメッセージをチェックするなど、常に情報を得ていないと世の中の流れに追いつけないとでもいうかのように、「スマホ」を操作する人が街にはあふれている。

　情報通信機器の発達により、確かに私たちの生活は便利になった。たとえば相手に要件を伝えるのに手紙やはがきを書くしかなかった時代に比べると、携帯電話やメールは時間や手間を大幅に省いてくれる。しかし、だからといって私たちの生活に余裕ができたかというと、そういうわけではない。新しいテクノロジーが登場することによって「時短」が可能になり「余った時間」が生まれたとしても、私たちはその「空白」を別の活動で埋めようとする。新たな通信機器は私たちの生活に利便性と同時に忙しさをもたらしたのである。

　世界をかけめぐる情報も、生活のペースもますます速くなっていくなかで、ときには立ち止まり、周囲を見まわすことすら私たちはしなくなっているようだ。この章では、そうした思考停止状態から抜け出すために、まず私たちの日常がグローバルなつながりのなかで成り立っていることを確認するところから始める。

2. ネット社会の不平等な関係性

いまやSNS上に写真をアップする行為は日常のものとなった。カフェやレストランに行くと、運ばれてきた飲み物や料理に手をつける前に「スマホ」で撮影する人の姿をよく見かけるし、InstagramやTwitterなどでそうした写真を見る機会も多い。友人とどこかへ出かけた際に一緒に撮った写真もその場ですぐにアップできるし、日々の些細な出来事も気軽に投稿できるようになった。しかし、こうした手軽さゆえにときにはトラブルにまで発展するリスクが生まれた。たとえば、撮影された写真に近所の風景が映っていたために居住地を知られたり、指の写真から指紋を読みとられて個人情報が流出したりといったトラブルに巻き込まれる可能性を指摘する声もある。あるいは著名人を隠し撮りして写真を投稿してしまい肖像権侵害で訴えられたり、写真の投稿が「炎上」につながったりすることもありうる。

では、著名人でなければ投稿しても問題はないのだろうか。たとえば観光旅行で海外に行き、民族衣装を身につけた人がそこにいたとしよう。風景の一部として現地の人たちの姿をカメラに収め、深く考えることなくSNS上にアップする。あるいは投稿された同じような写真を見て、何とも思わずに「拡散」してしまう。不特定多数の目にさらされていることすら知らされない彼女／彼らと、気軽に写真を楽しむ私たちの間には「入れ替え不可能な関係性」があることを想像すらしなかったのではないだろうか（池田, 2005, p. 139）。

ほとんど無自覚なままに画像を「拡散」してしまうだけでなく、嫌がらせのために「拡散」される場合もある。しかも文字情報には言語という壁があるが、画像はその障壁を越えて世界中に広がるかもしれないのだ。元恋人や元配偶者の裸の写真や映像をネットに投稿する「リベンジポルノ」が恐いのは、まさにその点である。米国ではカリフォルニア州議会が2013年に法規制を行ったのを皮切りに規制の動きが強まっているが、それによってネットに掲載した本人を罪に問うことはできても、いったんネット上にアップされた写真は簡単には削除できない。たとえ

削除要求が認められたとしても、「拡散」してしまったあとでは、完全に消去するのはほぼ不可能なのだ。

日本でも 2013 年に起こった「三鷹ストーカー殺人事件[2]」をきっかけに注目され、その翌年には「リベンジポルノ被害防止法」が成立するなど法的な規制の対象となったが、それで被害が本当に減ったのだろうか。高画質な写真や動画の撮影が可能になり、簡単にネットに投稿できる「スマホ」が普及したために、逆に被害が増えたとする指摘もある (「ニュースで Q」, 2015, p. 31)。

写真の加工はいまでは誰しもが行えるものとなり、撮られた覚えのない、しかも加工された写真ですら出まわる危険性がある。写真に切りとられた世界は、「見る/見られる関係の不均衡さ」をときとしてあぶりだすと同時に、暴力性を帯びたものとさえなるのだ。

3. 個人情報のデータベース化

最近は、「スマホ」やタブレット端末を片手に街を歩いている人の姿をよく目にする。知らない場所で必要な情報を得るには欠かせないものとなっているようだ。しかし、知りたいことをネットで検索したとしても、かならずしも必要な情報が得られるとは限らない。しかも入手した情報が本当に知りたかったものなのか、むしろ知る必要のないものだったということもあるだろう。ネット情報をうのみにして痛い目にあったという人もなかにはいるのではないか。

私たちはネットで何かを調べようとするとき、何らかのキーワードを入力するところから始める。そうすると関連するサイトが上から順に表示されるのだが、その検索順位は入手された情報の分析結果で決められる。たとえば Google の場合は、独自の情報処理の手順（アルゴリズム）によりランキングが決定される。そこでの検索上位を確保しようと多くの企業が躍起になっているのも、いまや全世界で 9 割のシェアがあり、

---

[2] 元交際相手の男性に女性が殺害された事件。加害者は別れた腹いせに性的な画像や動画をネット上にアップしていた。

年間検索数が2兆回を超えるというGoogleだからこそなのだろう（中川・村上, 2017, p. 1)。検索上位を獲得するための技術、つまり上位に表示されるような検索エンジン最適化（SEO：Search Engine Optimization）の使い方のコツを伝授するサイトがネット上には多数あるし、ビジネス誌などにもそのようなセミナーの告知記事が載ることもある。

　検索上位を獲得するための競争激化の状況のなかで私たちに届けられる情報には、大げさな表現が使われていたり、ときには不正確なものも含まれていたりするかもしれない。実際、2017年にはIT大手のDeNA（ディー・エヌ・エー）の医療サイトのように、不正確な情報掲載で批判を浴びて閉鎖に追い込まれた例もあり、「利用者不在の手法」が「横行している」との指摘もある（中川・村上, 2017, p. 1)。

　何かを調べようとしてキーワードを入れたとしても、上位に出てくるのは商品情報ばかりだったというのはよくあることだ。必要な情報にすぐにはたどりつけない。このことからもネット社会では、まず「消費者」として私たちはみなされているのだということがわかるし、そうした関係性のなかに私たちは位置づけられているのだといえる。

　しかも、ネットで何かを購入すると、いや検索しただけで、関連商品やおすすめの商品情報が画面上に表示される。私たちのネットでの検索結果や購買履歴がすべてデータとして集積されているからこそ、そうした情報が提供されるのだといえる。普段は、情報の提供と「監視」とを結びつけて考えることはないだろうが、結果的には、デイヴィッド・ライアン（2002）が「情報監視」とよぶように、私たちはすべてのネット上での行動が見張られている状態におかれている。そして、私たちの知らないところで個人情報が「人間集団を分類・選別し、カテゴリー化・類型化するために」使われているのである（ライアン, 2002, pp. 16-17)。

　情報化社会では、カテゴリー化され、有益だと判断された人たちのもとには情報が提供され、そうでないとみなされた人たちには提供されない、ということも起こりうる。しかし私たちには、ネット検索を行わないという選択肢はおそらくないだろう。私たちは、こうした「監視社会」への参加をいわば強制的にさせられているのだ。

4. グローバル化と経済格差

　いまや「スマホ」でのネットショッピングはあたりまえの時代になった。総務省の「家計消費状況調査結果」では、二人以上の世帯におけるネットショッピング利用世帯の割合は、2002年が5.3％だったのに対し、2016年は27.8％となっており、1世帯あたりのネットショッピングでの月間支出総額（利用した世帯に限る）は2016年で30,678円となっている[3]。しかも日本からだけではなく、海外からの取り寄せも気軽にできる時代となった。したがって、情報通信技術（ICT：Information and Communication Technology）と輸送網の発達により、地球は確かに「狭く」なったといえる。

　電子技術の発達により情報が瞬時に世界をかけめぐり、人との密な交流が可能になった世界を「地球村」とよんだのは、マーシャル・マクルーハン（1987）だった。実際、彼が言うように技術の進歩はめまぐるしく、私たちのもとに届けられる情報量も確実に増え続けている。しかしそれが、〈コミュニケーション＝他者との関係性〉の深化にはかならずしもつながっていない。「村」ということばが示唆するような緊密な関係性が築けているとは言い難く[4]、たとえばネットショッピング一つとってみてもそのことがよくわかる。

　ネットで注文した商品は、主としてトラックによって運ばれる。その荷物は居住者が不在の場合はドライバーが持ち帰ることになり、不在通知が郵便受けなどに残される。それを受けとったサービスの利用者は、そこに書かれてある携帯電話の番号にかけて、直接ドライバーに再配達を依頼できる。このように私たちにとって携帯電話は便利な道具なのだが、荷物の配達中であっても常に着信音に注意しなければならないドラ

---

[3] 総務省（2009）「平成29年版情報通信白書通信」http://www.soumu.go.jp/johotsusintokei/whitepaper/ja/h29/html/nc112320.html（最終アクセス日：2018年12月24日）
[4] マクルーハンも「地球村」をユートピアとして描いているわけではなく、人間関係の断絶や分裂といったマイナス面がそこには存在することを十分理解しているという意見もある（有馬, 2007）。

第 I 部　基礎編

図-1　荷物が届くまでの過程はブラックボックスだ（写真／田仲康博）

イバーにとって、それは「悪魔の道具」にすら思えるかもしれない。無料、あるいは安価な配送料で手もとに届けてくれるこうした便利なシステムは、それを支える人たちの低賃金・長時間労働があってこそ成り立っているのであり、いわば私たちはそこで働く人たちを「搾取」するシステムに加担しているともいえるのである[5]。

宅配業界に限らず、こうした働くうえでの格差はあらゆる分野に広がっている。しかもこのような傾向は日本だけに限らず、グローバルな規模でみられる。2018年の日産自動車会長であったカルロス・ゴーン逮捕のニュースはそのことを象徴していたのではないだろうか。多額の報酬を得る一握りのトップがいる一方で、非正規雇用を含む多くの労働者がおり、その両者の間にはすさまじい経済格差が存在する[6]。ルノーや三菱自動車との業務提携を結び、グローバルに事業を展開する日産自動車が生み出す利益は、世界各地に点在する工場で働く人びとに十分に還元されることはない。こうした多国籍企業による世界規模での富の一極集中化は、「持てる者」と「持たざる者」の格差を広げていく

---

[5] 2017年の宅配便大手のヤマトホールディングスの料金値上げ問題で明らかになったように、宅配現場では違法な長時間労働が常態化していた。次の記事を読むと、その実態は現在も変わっていないことがわかる。木皮透庸（2018年4月23日）「アマゾン『当日配達ドライバー』の過酷な実態　記者が潜入！疲弊する都内の下請け配達現場」『週刊東洋経済』https://toyokeizai.net/articles/-/217681?page=3（最終アクセス日：2019年2月6日）

[6] 日本では6人に1人が貧困ライン以下での生活を余儀なくされていることが、担保や資金のない人たちへの融資を行う「グラミン日本」のホームページに書かれている。2018年9月に活動を開始したこの団体は、バングラデシュの経済学者ムハマド・ユヌスが、土地をもたない貧しい農民たちに融資を行うことで彼女／彼らの生活を向上させようと、1983年に本格的に操業を開始した「グラミン銀行」をモデルとしている。Grameen Nippon（2018）https://grameen.jp/（最終アクセス日：2018年12月20日）

(池田, 2009)。デヴィッド・ハーヴェイ（2007）が指摘したように、グローバル化は富の不平等な分配をもたらしているのだ。

5. メディアと私たちの意識

　ここまで、私たちにとって非常に身近な「スマホ」をはじめとしたモバイル端末がどういう社会とのかかわりを私たちにもたらしたのかについて考察してきた。気軽にアップされる写真からわかったのは「ネット社会における見る／見られる関係の不均衡さ」であったし、ネット検索という行為から明らかになったのは「まず消費者としてみなされ、個人情報が一人歩きするネット社会の危うさ」であった。そして消費行動の一つであるネットショッピングからみえてきたのは、「グローバルに広がる格差社会の現実」だった。

　このように整理してみると、マクルーハン（1987）が「メディアはメッセージである」という表現を使って説いたように、モバイル端末というメディアが登場して私たちの暮らしに変化がもたらされたことは間違いないだろう。そしてその変化は、私たちの意識や他者との関係性のあり方にまで及んでいる。たとえば手紙で相手に要件を伝える場合はどういう表現を使えば相手にわかってもらえるか、ことばを一つひとつ選んで書いていただろうが、電話で要件を伝える場合は簡潔性が求められ、SNSやメールでは返信の速さが優先される。すぐにメッセージを返さなければ、相手に不信感を抱かせることになりかねない。ウォルター・オング（1991）は、「声の文化」から「文字の文化」へと変わった[7]ことで私たちの意識に大きな変化がもたらされたとし、なかでも書かれたものを見ることが可能になったことで、内省的に思考する主体的な人間が生まれたと指摘したが、頻繁にやりとりされるメールからはそのような姿はみえてこない。

　また、「ガラケー」から「スマホ」が主流になって大きく変わったのは、

---

7) 文字が広がっていった古代ギリシャ時代、それによって新しい「文化」が誕生したとするもの。それ以前は文字をもたない「声の文化」ということになる。

手軽に素早く何でも検索できるようになったことである。何かを思い出そうとするときに検索すればすぐにわかるため、記憶をたぐる時間をとらなくてもよくなった。まるで「スマホ」が私たちの「脳」の代わりをしてくれているようでもある。このように「スマホ」をはじめとしたモバイル端末の進化により、私たちの生活は便利になった反面、手紙の文面を考えたり記憶をたどったりというプロセスを楽しむ余裕が失われていったのではないだろうか。

「スマホ」には、多くの個人情報が詰まっている。だからこそなくしたり、盗まれたりすると大変な事態を招きかねず、「スマホ」に依存している日常がそこから浮かびあがってくる。しかし、私たちはそうした新しいメディアに翻弄されるだけではなく、そのメディアを使いこなし、これまでにない〈コミュニケーション＝関係性〉を生み出すこともできるはずだ。私たちの日常に変化をもたらしたメディアをつくり出したのは、私たちの意識だったことを忘れてはならない。

6. 私たちと社会とのつながり

2018年のユーキャン新語・流行語大賞のトップ10に「#Me Too（私も）」が選ばれた。SNSを通じて広がった社会運動の影響力の大きさがうかがわれる出来事だった。この運動が広がったきっかけは、2017年10月に米国のハリウッド映画プロデューサーによるセクハラ疑惑が報じられ、女優のアリッサ・ミラノが同じような被害を受けた女性たちに向けて「Me too」と声をあげるようにTwitterで呼びかけたことだった。モバイル端末を通してあらゆる人たちがつながり、それが力となって社会が変わるという現実の姿が、これによって示されたのだといえる。

一方で、日本でのこの運動の影響は限定的だったという声が多い。たとえば、男性学が専門の伊藤公雄は「日本では、火はついても燃えなかった。ほかの国に比べて鈍感な状況が続いている」（机, 2018, p. 25）と述べている。しかし社会学者の上野千鶴子は、2018年4月に起きた官僚のセクハラに対する日本での抗議行動を考えると、かならずしもそう悲

観的に捉える必要はないといった意見を述べている（上野, 2018）。「#Me Too」が起こした波紋は、ネットでの「拡散」といったかたちではなかったかもしれないが、その波は日本にもしっかりと届いていたのではないだろうか。

「#Me Too」のように、SNSで「拡散」された声は社会を変えられる。たとえば匿名性がある程度担保されたTwitterならば、対面では言いづらいことでも書けるし、それが「拡散」されれば、社会的な問題として可視化されるかもしれないのだ。自分が抱いている違和感をやりすごすのではなく、みつめなおし、そこから一歩踏み出せば、SNSを通して世界中の人とつながる可能性が生まれる。手のなかにある「世界」と現実との回路は、まず私たちの意識が変わることから開かれるのである。

（池田理知子）

It's your turn.　ディスカッションのために

1. これまでSNS上にアップされた写真で、問題だと思ったものはなかっただろうか。なぜそう思ったのだろうか。
2. 「スマホ」を使っていて「監視」されていると感じたことはないか、思い出してみよう。
3. 「スマホ」がつなぐ、これまでにない社会との関係性とはどのようなものか考えてみよう。

> **Let's try.** さらに考えるために
>
> 　一緒にいるのにお互いに「スマホ」をいじっている。いまでは見慣れた光景となってしまった。物理的にはお互いに同じ場所を共有しているのだが、それと同時にそれぞれが異なる場所ともつながっている。しかも「スマホ」を仕事用とプライベート用に分けて持っている人もおり、一度に複数の場所とつながるという状況もありうる。一つの場所に外からさまざまな情報が入ってくるため、そこを一つの意味をもつ場所として固定できない状況を「多孔化」と、社会学者の鈴木謙介はよんでいる。つまり、「スマホ」などであらゆる場所とつながることにより、一つの物理的空間にいわばたくさんの「孔」が開いてしまうというのである。詳細は、『ウェブ社会のゆくえ―〈多孔化〉した現実のなかで』(2013) で論じられている。また、電子メディアと空間意識の変容については、ジョシュア・メイロウィッツの『場所感の喪失―電子メディアが社会的行動に及ぼす影響』(2003) を読んでみるのもよいだろう。

参考文献

有馬哲夫 (2007)『世界のしくみが見える「メディア論」―有馬哲夫教授の早大講義録』宝島社.

池田光穂 (2005)「水俣が私に出会ったとき―社会的関与と視覚表象」『水俣からの想像力―問いつづける水俣病』丸山定巳・田口宏昭・田中雄次編, 熊本出版文化会館, pp. 123-146.

池田理知子 (2009)「日常に侵攻するグローバル化と『戦争』―見えにくい関係性可視化の試み」『メディア・コミュニケーション論』池田理知子・松本健太郎編著, ナカニシヤ出版, pp. 125-140.

上野千鶴子 (2018 年 5 月 23 日)「(寄稿) 闘いとってきた変化」『朝日新聞』朝刊, 27 面.

オング, W. J. (1991)『声の文化と文字の文化』桜井直文ほか訳, 藤原書店.

鈴木謙介 (2013)『ウェブ社会のゆくえ―〈多孔化〉した現実のなかで』NHK 出版.

机 美鈴 (2018 年 11 月 16 日)「男性、#MeToo に当事者意識を―ホワイトリボン参加呼びかけ 伊藤公雄・京大名誉教授」『朝日新聞』朝刊, 25 面.

中川竜児・村上英樹 (2017 年 3 月 9 日)「検索順位、強制下げ続々―グーグル、不

適切な手法横行で」『朝日新聞』朝刊, 1面.

「ニュースでQ」（2015年4月2日）『朝日新聞』朝刊, 31面.

ハーヴェイ, D.（2007）『ネオリベラリズムとは何か』本橋哲也訳, 青土社.

マクルーハン, M.（1987）『メディア論――人間の拡張の諸相』栗原　裕・河本仲聖訳, みすず書房.

メイロウィッツ, J.（2003）『場所感の喪失――電子メディアが社会的行動に及ぼす影響』安川　一ほか訳, 新曜社.

ライアン, D.（2002）『監視社会』河村一郎訳, 青土社.

第II部

応用編

「誰か」と出あうための場所（四日市再生「公害市民塾」提供）

　四日市市の公害資料館の展示室にある「公害の発生」コーナーは、暗い。「白黒ばかり」といってかけ抜けていく子どもの来館者さえいるくらいだ。実際はその展示コーナーでもカラー写真や地図などの展示物があるのだが、その先の「環境改善の取り組み」コーナーが青空を模した天井や、白を基調とした壁でまぶしいくらいに明るいため、そこはモノトーンに見えてしまう。この二つの展示の対比から伝わってくるのは、大気汚染により苦しめられた暗い過去を克服し、青空を取り戻したという「物語」なのではないだろうか。はたして公害は過去の出来事にすぎないのだろうか。歴史の暗部に向きあい、そこから未来のために学ぼうとしない風潮に抗うためにも、「記憶の継承」をコミュニケーションの問題として考えていくことは重要である。

キーワード

記憶、大きな物語、当事者性

第6章

コミュニケーションの〈想像／創造する力〉
記憶の継承[1]

1. メモリアルデーがつくり出す記憶

　「四日市公害と環境未来館」（これ以降、「資料館」と称す）の「昭和初期のくらし[2]」の展示は、毎年「8月15日」が近づいてくると衣替えをする（図-1）。新聞やテレビといったメディアも、その日に向けて終戦記念特集を毎年組んだり、政府主催の「全国戦没者追悼式」をはじめとしたさまざまな関連イベントがその日に行われたりする。1945年のその日は、アジア・太平洋戦争が終わった日だと私たちの記憶には刻まれているのだ[3]。

　では、1945年8月15日に実際に何があったのだろうか。史実を紐解くと、無条件降伏を勧告するポツダム宣言を日本が受諾したのが「8月14日」、大本営から陸海軍へ停戦命令が出されたのが「8月16日」、戦艦ミズーリ号上で日本が降伏文書に調印したのが「9月2日」であり、「8月15日」は昭和天皇による「玉音放送」があった日にすぎないことがわかる（佐藤, 2014）。しかも日本以外の多くの国では、9月2日が「VJ Day：Victory over Japan Day」、すなわち戦争が終わった日として認識されている。

　日本で〈8月15日＝終戦の日〉となったのはなぜなのか。メディア史が専門の佐藤卓己（2014）によると、新

図-1 「昭和初期のくらし」の展示
（四日市再生「公害市民塾」提供）

---

1) 本章は科研費（16K04096）の助成を受けた研究内容を含む。
2) この展示の意味については池田（2017）を参照されたい。
3) 沖縄では、沖縄戦が終わった6月23日にさまざまなイベントが行われている。

聞やラジオといったメディアがその記憶の形成に果たした役割は小さくないという。「終戦」を知らせる天皇のことばをラジオで聞いて「泣き崩れる人びと」や「頭を下げる小国民」といったイメージを、使いまわしや「やらせ」、合成といった手法を駆使した写真で定着させていったことが、大きく関与しているというのである。

メモリアルデーを記念するイベントは、「終戦」だけでなく、さまざまな文脈でも行われている。「資料館」が毎年7月24日前後に開催するイベントもその一つである。1972年7月24日は、四日市の公害裁判で原告勝訴の判決が出た日であり、その日を忘れないために行われるイベントが重要な意味をもつことは疑いようもない。しかし、その日だけがクローズアップされることの弊害もある。たとえば、裁判以降も公害と闘ってきた人たちがいたという事実に目が向けられなくなってしまうかもしれないのだ。記憶を継承していくためには、何をどのように、そして誰に語り継いでいかなければならないのかを考える必要があるだろう。

2.「大きな物語」からこぼれるもの

公害について言及する際、「すでに克服されたもの」という「大きな物語」が提示される場合が多い。この「大きな物語」とは、1979年に出版されたジャン＝フランソワ・リオタールの『ポスト・モダンの条件』（1989）のなかで使われていることばで、自由や平等といった近代社会の基盤となる、ゆるぎない価値観のことを指している。その考え方を四日市公害の文脈に援用すると、公的な場で語られる「裁判での勝利をきっかけに、市民・企業・行政が一体となって環境改善に取り組み、公害を克服した」という物語がそれに該当する。そしてその「大きな物語」を伝えるメディアとして機能しているのが、「資料館」だといえるだろう。

実際、「資料館」の常設展示は、こうした「大きな物語」がよくわかるような構成になっている。なかでも裁判での勝利が物語のハイライトであることが、フロアマップ（図-2）からも伝わってくる。「公害の発

生」と「環境改善の取り組み」コーナーに挟まれるようなかたちで配置された「四日市公害裁判シアター」では、毎時00分と30分に「四日市公害裁判の記憶」と題した映像が流され、「1967年、広がる公害問題をなんとかしようと磯津の公害認定患者がコンビナート企業を相手に裁判を起こし」た史実や、この裁判が社会に与えた影響などがそのなかで解説されている[4]。

　生存する公害認定患者が368名[5]もいる四日市公害は、裁判を頂点とした「大きな物語」だけで描ききれるものではない。「大きな物語」が20世紀後半になると終焉を迎え、無数の「小さな物語」が語られるようになったとリオタール(1989)が主張するように、「資料館」においても「小さな物語」は探せばみつかる。私たちが「大きな物語」に疑問の目を向け、四日市公害の多様な側面を知りたいと欲すれば、模索のためのヒントがすでにそこには用意されているのだ。

　たとえば、「四日市公害裁判シアター」の前に設置されている情報検索コーナーのなかには、患者だと結婚が難しいのではないかとの不安から、公害認定の辞退を自ら申し出た女性のインタビュー映像が収められており、公害患者がおかれた複雑な状況の一端が

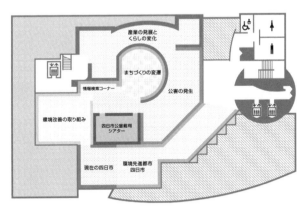

図-2　展示室のフロアマップ（「四日市公害と環境未来館」提供）

---

4) 「資料館」ホームページより。http://www.city.yokkaichi.mie.jp/yokkaichikougai-kankyoumiraikan/exhibition.html （最終アクセス日：2018年10月14日）
5) 2017年3月末現在。「四日市市環境計画 第2回改定版」http://www.city.yokkaichi.lg.jp/www/contents/1001000001456/files/yokkaihikankyoukeikaku2.pdf （最終アクセス日：2018年10月14日）

うかがえる。また、公害病にまつわる差別や偏見がひどかった様子もその話からみえてくる。さらに「公害の発生」コーナーには、9歳で亡くなった少女が使っていた吸入器が展示してあり、小さな子どもたちも公害の被害者であったことがわかる。こうした記録の断片をつなぎあわせると、患者がおかれていた当時の暮らしがどういうものだったのかが、おぼろげながらも伝わってくるのではないか。そして現在は、どのように暮らしているのだろうかといった疑問も生まれてくるのではないだろうか。

3.「他者」と出あう場としてのメディア

　公害をはじめとした社会問題の〈加害／被害〉の複雑な関係は、「資料館」が用意した順路に沿って見学する、つまり「大きな物語」をなぞっていくだけではみえてこない。「資料館」の展示の細部を見る、患者や支援者の声を聞くといったさまざまなメディアを通した異文化体験がなければ、そこから漏れてしまった物語にどういうものがあるのかを想像できないからだ。言い換えると、そこで多様な他者との出あいの場が生まれるからこそ、これまであたりまえのように語られていたことの矛盾やほころびがわかるのである。

●「資料館」での異文化体験

　四日市の小学校では、5年生になると社会科見学で「資料館」を訪れることになっている。展示室の見学や語り部の講話への参加などを通して、地元で起こった四日市公害について学ぶために行われているのだが、なかには独自の課題を生徒に与えている学校もある[6]。

　ある小学校のクラスでは、「展示室に用意されている患者や支援者などの録音された声を少なくとも一人は聞いてくること」という宿題が出される。前述の情報検索コーナーには複数のヘッドホンが置かれていて、

---

6) 以下の部分は、2018年8月9日に四日市で行われた教員研修のなかの、四日市市立大矢知興譲小学校教諭早川寛司の授業実践報告にもとづいている。

タッチパネルで聞きたい人の話が選べるようになっている。またそれ以外にも各コーナーで、展示内容と関連の深い人たちの話が音声で聞けるようになっている。そのため、ほとんどの生徒がこの宿題をやってくる。なかでも多くの生徒の注目を集めるのが、原告患者の裁判での証言音声[7]（図-3）だという。このクラスの

図-3 原告患者の声が聞けるコーナー
（2019年1月筆者撮影）

担任の話によると、多くの生徒がヘッドホンを通して、息をするのも苦しそうな男性の声に聞き入るのだそうだ。

　生徒たちは、音声や映像を通して、時空を超えた「異」に触れる。そうすることで、今まで話には聞いていたかもしれないが、実感がわかなかったであろう患者の苦しみや思いを自らの身体を通して感じとり、公害とは何なのかを考えざるをえなくなるのかもしれない。たとえば前述の原告患者の声から、普段は意識すらしない、空気を吸って吐くというあたりまえの行為が容易にできない人もいることを知るのである。

● **マンガを通しての異文化体験**

　四日市市では、図書館や資料館といった公共の施設に公害マンガ『ソラノイト～少女をおそった灰色の空～』を収録した本（池田・伊藤, 2016）が置いてある。多くの小学校の教室や図書室にもある。したがって、このマンガを通して四日市公害を初めて知る生徒がいてもおかしくない。

　前述の「録音された声を聞く」という宿題を出したクラスでは、この公害マンガを使った授業が行われている。生徒たちは「資料館」見学の前にクラス全員でこのマンガの読みあわせを行い、見学後にそのマンガの一部と問題が載せられたワークシートを使用した授業を受ける。マンガの一コマ（次ページの図-4）が引用されているワークシートを使った授

---

[7] この男性は病気の症状が重く、法廷の場に立つことができなかったため、録音された声での裁判参加となった。

業は、次のように進行する[8]。

「公害を起こさないで」という吹き出しの中のセリフを引用して、「この言葉はだれの言葉でしょうか」という問いがシートに書かれている。それに対し、多くの生徒が吹き出しのかたちに気づき、左右両方の女の子だという答えが返ってくる。これは、毎年秋分の日前後に行われる「公害犠牲者合同慰霊祭」で、マイクの前で小学生の女の子が、犠牲者への追悼文を読んでいるシーンである。もう一人の女の子はこのマンガの主人公で、実在した少女がモデルになっているのだが、1972年にぜん息の発作で亡くなっている。

次に、「この言葉につづけて、あなたなら、なんと言いますか」という問いが記してあり、それに対し、さまざまな意見が生徒たちから出てくる。そしてひととおり意見が交わされたあと、「政府などコンビナートを作った人たちが、もっと考えたら…」という生徒の発言を受けて、教師が「政府が…もっと考えたら、よかったんだね？」と問うと、さらに次のような意見が出てくる。「私たちみんなも考えたら、よかった」、「市民が考えたらよかった」。

コンビナート企業が加害者で、住民や患者が被害者というのが、四日市公害が語られるときの一般的な構図である。ところがこの生徒たちは、それだけではない側面、つまり自分たちの当事者性にまで言及しているのだ。それはマンガを通して「他者」と出あい、主人公の女の子が時を超えて伝えたかったことが何の

図-4 『ソラノイト～少女をおそった灰色の空～』の一部
（マンガ／矢田恵梨子）

8）この節の引用部分は、注6の教員研修の際に配布された資料にもとづいたものである。

か、さらに彼女が自分たちに何を託したのかを考えさせられたからこそ気づけたことなのかもしれない。そして生徒たちは、「資料館」でそのマンガの主人公の女の子に出あったことも思い出すに違いない。「資料館」に展示されている、9歳で亡くなった少女が使っていた吸入器が、まさに彼女のものなのだ。

4. コミュニケーションの射程

　他者の声に耳を澄まし、その声への応答を試みれば、新たな「地平」は開かれる（第1章 p. 19参照）。それは、多様な他者との「対話」を重ねることで、まだ見ぬ世界へと導かれることを意味する。ところがこの新しいと思った世界は、実は自分たちの日常の延長でもあったことに気づかされる場合もある。それは、私たちが歴史的な存在だということを思い知らされる瞬間なのかもしれない。

　現在は、過去の積み重ねによって成り立っている。しかし私たちの身体は過去の歴史や伝統を引き継いでいるだけではなく、現在から未来をも志向する（池田, 2011）。たとえば、私たちが何らかのテクストを解釈しようとする場合、過去の歴史や伝統が現在に向けて語りかける声にまず耳を傾けるだろう。それは、現在の問題意識がそのテクストを選ばせ、読み解かせたと考えることもできる。そして、現在から過去へと向かわせた私たちの意識が、ときには現在から未来へと向かわせる場合もある。つまりそれは、過去から学んだ「教訓」をこれから先の世界へどうつないでいけるのかを考えはじめることであり、まだ見ぬ未来の他者との「対話」がそこから始まるのである。

　これまでのコミュニケーション学が射程としていたのは、主として現存する「他者」、目の前にいる「他者」であった。だからこそ、そうした他者とうまくやっていくための「コミュニケーション能力」とはどういうもので、またその能力を高めるにはどうしたらよいのかという問題設定のもとに、研究・教育が進められてきたのだ（第2章参照）。しかし、自らが歴史的身体であることに目を向ければ、過去や未来の「他者」と

どのような関係性を構築していけるのかを射程に入れざるをえないだろう。それは、記憶の継承をコミュニケーションの問題として引き受けることにほかならない。「同じあやまちは二度と繰り返さない」という決まり文句の意味を真剣に考え、それに対する答えを探すには、まだ見ぬ「他者」との対話を続けていかなければならないだろう。

5. 自分のなかの「異」との出あい

　コミュニケーションとは他者との関係性であり、その関係性のあり様によってさまざまな意味が生まれていくプロセスである（第2章参照）。それは、〈想像／創造する力〉を引き出す可能性をも秘めている（池田, 2015）。四日市の小学生は、原告患者や9歳で亡くなった女の子の当時の様子を想像することでそれぞれの「公害」の意味をみいだし、自らの当事者性に気づき、これからどういった他者と自分たちがつながっていけるのかを考えた。その姿からみえてくるのは、コミュニケーションの〈想像／創造する力〉ではないだろうか。

　9歳の女の子は自分でありえたかもしれないし、あの原告患者は未来の自分の姿なのかもしれない。あるいはあの二人は、世界のどこかにいる公害で苦しんでいる人たちと同じなのかもしれない。そういったことを想像できなければ、同じようなあやまちは再び繰り返されるだろう。〈想像／創造する力〉としてのコミュニケーションは、混迷する現代社会を生き抜くためにはなくてはならないものなのだ。

　日常のなかでふと立ち止まる。すると、さまざまな「雑音」が聞こえてくる。それは、これまで気にしないようにしてきた違和感を無視できなくなった瞬間でもある。その違和感は、私たちが他者の声に気づくきっかけとなるはずだ。そして、その声は私たち自身のなかにある声なのかもしれない。まずは自分のなかの他者、つまりもっとも身近な「異」と向きあうところから始めてみてはどうだろうか。

（池田理知子）

第6章 コミュニケーションの〈想像／創造する力〉

It's your turn. ディスカッションのために

1. メモリアルな日を記念するイベントが毎年行われることによって、どういう記憶が忘れ去られていくのか、具体的な事例を用いて考えてみよう。
2. 歴史的事象を一つ取りあげ、そこで語られている「大きな物語」とは何か、またそこに「小さな物語」はないのかを考えてみよう。
3. さまざまな問題を当事者として引き受けていくとはどういうことなのか、身近な例を取りあげて考えてみよう。

Let's try. さらに考えるために

　広島平和記念資料館には、被爆者の体験やその思いを受け継ぎ、来館者にそれを語り伝える人たちがいる。これは記憶の継承のための新たな試みとして2015年[9]から行われているもので、3年間の研修プログラムを経て、彼女／彼らは「被爆体験伝承者」となる。「〇〇さんは、こういう体験をしました」と語る「伝承者」のなかには、いったいどうやって説明すればよいのかと迷う者や、逡巡する者もいる。たとえば、被爆者の体験が年を経るごとに変わっていったり、矛盾したり、ときにはありえないような話にまで発展していくこともあるからだ。

　人の記憶とはあいまいなものである。常に同じ内容が繰り返し語られるわけではない。また、いつ誰に語るのかによっても変わっていく。「伝承者」の講話から私たちが聞きとるべきは、被爆者が体験した「事実」というより、被爆者と「伝承者」との関係性なのかもしれない。この問題を考えるための参考になるのが、インタビュー手法である「ライフヒストリー」と「ライフストーリー」の違いである。まずは、桜井厚の『インタビューの社会学―ライフストーリーの聞き方』（2002）を読んでみよう。

---

9) 被爆体験伝承者養成事業の養成プログラム自体は、2012年から始まっている。

参考文献

池田理知子（2011）「歴史の継承と身体」『よくわかるコミュニケーション学』板場良久・池田理知子編著, ミネルヴァ書房, pp. 30-31.

池田理知子（2015）『日常から考えるコミュニケーション学―メディアを通して学ぶ』ナカニシヤ出版.

池田理知子（2017）「メディアとしてのミュージアム, その可能性―『四日市公害と環境未来館』を起点として」『記録と記憶のメディア論』谷島寛太・松本健太郎編, ナカニシヤ出版, pp. 113-126.

池田理知子・伊藤三男編（2016）『空の青さはひとつだけ―マンガがつなぐ四日市公害』くんぷる.

桜井 厚（2002）『インタビューの社会学―ライフストーリーの聞き方』せりか書房.

佐藤卓己（2014）『増補 八月十五日の神話―終戦記念日のメディア学』筑摩書房.

リオタール, J.-F.（1989）『ポスト・モダンの条件―知・社会・言語ゲーム』小林康夫訳, 水声社.

あふれる情報を前にしてあなたならどうするだろうか
(イギリスのヒースロー空港にて筆者撮影)

　あるお笑い芸人が、海外でミッションを与えられ、自力で目的を達成していくテレビ番組の企画が話題らしい。とくに、カタカナ英語も文法の間違いも気にせずに、とにかく人に話しかけることでミッションを成功させようとする姿は、彼の芸風と相まって、視聴者が抱く英語でのコミュニケーション観に訴えかけるものがあるようだ。日本人は間違いを恐れ、相手の反応を気にしすぎて英語がうまく話せないとよくいわれる。英語学習者にとって、彼の姿は「何のために英語でコミュニケーションをとるのか」という問いを考えるきっかけになるかもしれない。ここでは、英語コミュニケーションが生起するさまざまな文脈から、外国語を学ぶことの意味を考えていく。

キーワード
英語教育、規範、英語帝国主義、共文化

第7章

英語という言語選択
外国語を学ぶ意味

1. 英語を学ぶなかでの違和感

　静寂に包まれた水面や、磨きあげられ透きとおるようなガラス面は、何かの加減で波が立ったり、光の反射が映り込んだりしなければ、その存在に気づくことは難しい。こうしたたとえは、英語と「わたしたち」[1]を取りまく、普段はあまり意識しない「あたりまえ」に対してもあてはまる。

　現在の教育課程では、英語に対して人それぞれに好き嫌いがあったとしても、必ず英語を学ぶことになる。わたしたちはこうした英語学習を通じてさまざまな他者と出あう。そして、日常ではめぐりあわないような、多様で「異なる」考えや価値観を学ぶことができるのは確かだ。

　しかし、「英語という外国語を学ぶ」ことは「あたりまえ」で、あたかもそれが異文化理解であるかのような前提に、違和感を覚えることはないだろうか。本章では、日本の英語教育を「異文化の現場」と捉え、英語学習にまつわる「異」をあえて顕在化させながら、英語コミュニケーションを取りまく「あたりまえ」について考えてみたい。

2. 外国語は英語

　そもそも英語は数多くある外国語の一つでしかない。同様に、日本に住むわたしたちの「外国」は英語圏のみを意味しない。英語圏というと西洋的なイメージと結びつきやすいが、西洋諸国のなかにも非英語圏は存在するし、アジア圏にもシンガポールのような国がある。すべての西

---

1) 本章で用いられる「わたし」は、英語を外国語として学ぶ、いわゆる「日本人」を指している。

洋人が英語を話すわけではなく、アジアで英語がコミュニケーションに用いられることもあるだろう。

　しかし、教育を受ける側の学生にとっては、このような疑問がすぐに浮かぶわけではないようだ。小学校で始まった「外国語活動」が実質的には「英語活動」だったように、日本の外国語教育と英語教育とは同義であり（久保田, 2015b）、そこに疑問を抱くのは難しい。さらには、外国語教育を通じて多様性に気づき、視野を広げることが期待されるものの、その土台となっている価値観は、きわめて英語一辺倒なままである（江利川, 2017）。このような状況は、グローバル社会においては必然的な時代の流れだと考える向きもあるかもしれないが、戦後の英語教育史を詳細に検証した寺沢拓敬（2014）によれば、義務教育での英語必修化は、さまざまな歴史的、社会的な要因の積み重なりによる「偶然の産物」であったという（pp. 246-252）。

　英語を学ぶことは異文化理解への一つの道ではあるが、唯一の道ではない。しかし実際は、〈外国語＝英語〉という言説を自明視することで、「なぜ英語を選ぶのか」という言語選択が問われなくなってしまっている。これは、「英語を学んで何をしたいのか」という学習目的とは異なる問いかけである。

　言語選択は、ただ身につけることばを決めるだけではなく、言語習得を通じて培われる自己や他者に対する認識に影響を与える、きわめて重要なものだ。〈外国語＝英語〉という関係に違和感をもつことは、わたしたちが英語を主体的に選んできたというよりも、英語教育の構造のなかで「選択させられていた」（傍点原文ママ）ことに目を向けさせる（吉武, 2006, p. 62）。そしてそれが、「英語とわたし」という関係性を捉えなおす契機となるのである。

3. 英語"で"コミュニケーション

● 英語学習における「身近な他者」の存在

　言語教育である以上、英語を学ぶうえで語学力の向上という言語面が強調されるのは当然だろう。しかし、英語"で"コミュニケーションをとることは、英語を「道具」として捉え、それを正しく使いこなすということではない。このような技術論に対する批判は、英語教育の研究者からもなされている（たとえば久保田, 2018）。ところが「英語を話せるようになりたい」という学習への純粋な動機が、とくに教育現場においては、正しいものとして姿を現すのである。

　「正しく話せるようになりたい」という気持ちの何がいけないのかと疑問に思う人もいるかもしれない。しかし、文法や会話表現を習得するための反復練習をみると、そこにはかなり問題があることがわかる。そこでもち出される話題は、名前や趣味といったあたりさわりのないものにとどまらない。日本語の会話であれば聞くことをためらい、聞かれることに不快感を抱きかねないような、年齢や家族構成、将来の夢、恋人の有無、ときには人生観や欲しい子どもの数など、きわめて個人的な内容にも触れられることがある。

　英語の会話実践が、警察の取り調べのようだと感じた経験はないだろうか。聞かれた内容はわかるのだが、返答に戸惑ったことはないだろうか。それでも、そうしたやりとりに積極的に参加するのが、模範的で学習意欲が高い英語学習者の姿とみなされるのである。ここに生じる問題は、プライベートな領域への立ち入りの是非というよりは、英語実践の名のもとに繰り返される「他者性の矮小化」、つまり他者を限定的に捉えてしまうことである。身近な存在であるクラスメイトも教員も、自分とは異なる生まれや育ち、家庭環境、価値観、性的指向性、帰属意識などをもった他者だということが忘れさられてしまう。

　質問の先にいる相手、つまり他者への意識が希薄になることは、コミュニケーションの大きな問題である。自らに対してそのような態度をとられてもかまわないと思う人は少ないだろう。英語を学ぶことが他者

との出あいやコミュニケーションを生み出し、多様性への扉を開くと考えるのであれば、英語学習の現場で接する相手が、自分とは異なる「身近な他者」であることを日常的に意識することが重要なのである。

● 英語コミュニケーションと規範

　わたしたちは日常生活のなかで「こうあるべき」という規範に則って行動をしている。規範（norm）を「標準」や「普通」を意味するノーマル（normal）との関連で考えれば、規範に反した行動は「異常」とみなされ、さまざまな制裁を受けることになる（池田・クレーマー, 2000）。

　たとえば、SNSでメッセージを受けとったら必ず返信する、個人的にプライベートな秘密を打ち明けてきた相手には自分も同じような話をする、といった「互酬性の規範」をわたしたちは守ろうとする。メッセージの返信を忘れて相手を怒らせたり、秘密を打ち明けてきた相手に共感できずに失望させたりするのは、まさにこうした規範によるものだ。

　英語コミュニケーションの場合には、論理的にはっきりと自信をもって意見を「伝えること」があるべき姿として捉えられている。このような規範に照らしあわせて考えると、文法や発音が不正確で「伝わらない」「わからない」という結果は、好ましくないものとされる。また、"Any questions?" "Any ideas?" と聞かれた際に生まれる「沈黙」は、英語の授業ではタブーとされている。この規範を破らないようにと常に大きなプレッシャーのなかで、英語でのコミュニケーションに臨むことも多いのではないだろうか。しかし、「伝わらない」「わからない」ことは、コミュニケーションの失敗や不在と同義ではない（第2章参照）。

　一方で、コミュニケーションにおいては、意図せずとも「伝わってしまう」側面があることにも注意を向けるべきだろう。規範は絶対的なものではなく、社会的につくられ、相手や状況によって大きく異なるため、文脈によっては、ちょっとした質問や発言が自文化優越主義、文化本質主義的に受けとられかねない可能性を含んでいる。また、言語化された質問だけがメッセージなのではなく、話しかけ方や相手との接し方など

からも意味が生まれ、意図しないメッセージが「伝わってしまう」こともあるのだ（第4章参照）。

このように「伝わってしまった」内容に、偏見や差別的ニュアンスが読みとられた場合、それは文法の間違いや英語力不足の問題ではなく、「他者への想像力」（池田, 2015）の欠如という、コミュニケーションの問題となるのである。

このように、英語"で"コミュニケーションに臨むことは、他者との関係性に対して、そして異文化のなかの規範に、より意識的になるきっかけにもなりえるのだ。

4. 英語を学ぶわたし

● あこがれの英語話者になるために

「英語を学ぶ」ことを、自らの成長や自己実現と結びつけた語りは、わたしたちの身のまわりにあふれている。その代表的なものが広告だろう。紙媒体やテレビCMだけでなく、ソーシャルメディアやモバイルデバイスの普及によって、消費を訴求する複合的なメッセージにあふれた「広告空間」の日常を、わたしたちは生きている（難波, 2015, pp. 156-157）。

とりわけ、英語による自己実現をめぐる語りは、広告のなかできわめてわかりやすいかたちでジェンダー化されている。女性をターゲットにした広告は、英語嫌いを克服して新しい自分が生まれるサクセスストーリーとして、または英語学習が人生を豊かにしてくれるものとして描かれている。一方、男性の場合は、英語力がビジネスに必要な資質として、または職業的、経済的な成功につながるものとして描かれている。「あこがれの自己像」はパッケージ化されるだけではなく、こうした消費行動を通じて達成可能なものとして提示されるのである。

英語による自己実現や人生における成功に結びつけられた語りは、英会話ビジネスに限ったものではなく、学校教育の現場でも聞こえてくる。若い世代が目指す海外留学は、その目的や行き先はさまざまであっても、英語に関連したものが大部分を占める。2013年10月に文

図-1　「トビタテ！ 留学JAPAN」のポスターの一例[2]

部科学省が打ち出した留学推進キャンペーン「トビタテ！ 留学JAPAN」では、2020年の東京オリンピックに向けて、留学する学生数（高校生・大学生）を「社会総掛かりで」倍増させることを掲げている。「留学促進ポスター」（図-1）には「将来を誰かのせいにしない」「この自分を変えたい　この世界を変えたい」「ヤバい　人生変わっちゃうかも」といったフレーズが、自己実現と結びつけられた語りで学生に留学を訴えかけている[3]。

海外留学を増やそうとするこのような動きは、英語学習が「英語を話せるわたし」という理想に自らを近づけ、人生を豊かにするかのような構図をさらに強固なものにする。しかし、このようにして生まれる「あこがれの自己像」は、英語コミュニケーションにおける「他者」の存在なくしては生まれないものなのだ。

● あこがれの英語話者を求めて

　広告に現れた英語学習のイメージは、前述したようにジェンダー化されており、かつ異性愛主義（第1章 p. 20参照）にもとづくやりとりに深く根ざしている（Bailey, 2006）。加えて、英語でのコミュニケーションは「ネイティブ」とよばれる英語母語話者を理想とする、人種化された言説によっても成り立っている（久保田, 2015a）。英語学習者のあこがれは、その学びを支え、自己実現に導いてくれる〈英語教員＝他者〉のヒエラルキー構造をも浮き彫りにするのだ。

---

[2]「広報ツールダウンロード」https://www.tobitate.mext.go.jp/download/（最終アクセス日：2019年1月29日）
[3]「トビタテ！ 留学JAPANとは」https://www.tobitate.mext.go.jp/about/index.html（最終アクセス日：2019年1月29日）

とくに日本においては、白人の男性英語母語話者を理想の英語教師とする考えがきわめて根強い（Rivers & Ross, 2013）。学習者たちは、より本物で（authentic）生きた（real）英語を教えてくれるのはネイティブ教員であると信じ、英語教師をネイティブ（英語母語話者）か、ノンネイティブ（非英語母語話者）か、という単純な二元論で判断してしまう。そして「ネイティブ教員」のなかにも多様な背景や母語話者性、また教師としての資質や経験をもった個人がいるにもかかわらず、自分が思い描くような見た目や、接しやすさだけでネイティブ教員すらもランクづけするのである（Kubota & Fujimoto, 2013）。

英語という言語や母語話者の絶対的な優位性が正当化され、不平等や差別を生み出しているこのような状況は、英語帝国主義として批判されている。津田幸男（2005）はこれを「英語支配」とよび、支配構造や権力関係は言語だけではなく、文化や精神の領域にまで及ぶ危険性を指摘している。あこがれとともに英語学習に没頭する間は、学習者がその権力関係に気づくことは難しい。あこがれは旺盛な学習意欲を生み出す原動力でもあるからだ。

しかし、語学力が向上し、相手との対等な立場を求めた瞬間に、それまで気づかなかった不均衡な力関係に直面することになる。たとえば英語で議論をしているのに、相手が内容ではなく"Your English is so good!"と言ったとしよう。それは褒めことばであったとしても、そこには母語話者がもつ絶対的に優位な立場が現れている。そこに疑問の目を向けなければ、〈ネイティブ／ノンネイティブ〉という権力関係のコミュニケーション構造から逃れられないのである。

● 英語コミュニケーションにおける自己と他者との関係性

ここで再び注意しなければならないのは、あこがれそのものではなく、あこがれの先にある「自己と他者との関係性」である。世界における英語話者の総人口はそれほど多くはなく、さらにはノンネイティブのほうがネイティブよりも多い。わたしたちが英語コミュニケーションの理想的な相手として想定する人びとは、実際の英語話者の3割にも満たない

のだ (吉武, 2007, p. 78)。また、ネイティブにもさまざまな人がいて、気さくで優しい人もそうでない人もいる。それぞれに異なる背景があり、話す英語の種類もさまざまだ。

　何よりも、英語話者を自分の捉えやすいかたちに矮小化するべきではない理由は、否定的なニュアンスをもつ「ノン (non-：非) ネイティブ」というカテゴリーに位置づけられた自分の立場を、相対的に捉えなおすためだ (Miyazaki & Yamada, 2013)。「わたし」のアイデンティティは、そのような二項対立への落とし込みが可能なものでも、ネイティブとの従属関係から成り立つものでもない。そして、英語のレベルや流暢さがそのまま人間性につながるわけでもない。

　英語でのコミュニケーションにおける「自己と他者との関係性」や、そこにある権力構造を批判的にみつめなおすことが、英語力や（ノン）ネイティブであることにとらわれない、さまざまな他者との英語による「コミュニケーション」を純粋に楽しむことにつながるのである。

5.「異文化実践」としての外国語学習

　わたしたちは日常のさまざまな場面において、「異文化の現場」を生きている。国内でも他県を旅すると、さまざま方言や食文化、習慣の違いを体験できる。日常生活のなかでも、性的マイノリティや障害者、ハーフとよばれる人びと[4]を含む、世代やジェンダー、社会的地位の異なる他者に直接的、間接的にかかわりをもっている。

　自文化のなかにあるこのような共文化 (co-culture) への気づきは、わたしたちがいかに日常的に異文化を生きているかという自覚を促す (石井・久米, 2013, p. 29)。このような日々の「異文化実践」の積み重ねこそが、海外でのコミュニケーションという、広く一般的に「異文化コ

---

[4] 日本では、日本国籍をもつ親と外国籍をもつ親の間に生まれた子を指して使われ、メディアなどでもある一定の「定着」はしているものの、この呼び名に関する議論は、日本語のみならず英語でも決着がみられていない。「ハーフ」をめぐる言説に関しては岡村兵衛 (2016) が参考になる。

ミュニケーション」として理解されている「自己と他者との関係性」に、より柔軟で批判的な視点を与えてくれるだろう。

　英語のみならず外国語を学ぶことは、ただの言語習得ではない。相手の立場に立って考える姿勢を保ちながら、わかりあえないかもしれない他者の異質性を認めつつ、自己変容する「かわりあい」のプロセスなのである（仲, 2017, pp. 129-132）。「異」に対して積極的に向きあうことは、「わたし」と「あなた」のつながりを可視化する重要なきっかけともなる。そこに外国語を学ぶこと、そして異文化コミュニケーションのもたらす豊かさがあるはずだ。

（宮崎　新）

It's your turn.　ディスカッションのために

1. 冒頭の芸人によるコミュニケーションは、「積極的」で「なりふりかまわない」話しかけ方と捉えることもできるだろう。では、こうしたコミュニケーションを「伝わる」「伝わってしまう」という視点で捉えなおすと、どのようなことがみえてくるだろうか。
2. あなたにとって、英語を学ぶ理由や意味は何だろうか。きっかけや理想とするイメージ、抱いたことのある違和感を含めて話しあってみよう。
3. これまであなたが理想としてきた「ネイティブ」は、どのような他者だっただろうか。授業での体験や、日常生活での「外国人」とのかかわりなどを思い出し、話しあってみよう。

> **Let's try.** さらに考えるために
>
> 「ことばにできない」という、感情の揺れ動きをあらわす表現がある。この表現は、あたりまえのように自分の思いや考えを普段ことばにしているからこそ、特別な意味をもつのだ。英語教育でも、話せること、伝えられることが至上目的のように繰り返されている。授業中に黙っていれば"Don't be shy!"や"Come on!"ということばが投げかけられる。しかし、日本語でも英語でも、話すことだけがコミュニケーションではない。「ことばがわからなくても通じあうものがある」という見方があるように、「ことばを重ねればわかるわけではない」「わかりあえなくていい」というコミュニケーションの捉え方についても考える必要がある。その際、北川達夫と平田オリザの『ていねいなのに伝わらない「話せばわかる」症候群』(2013)は参考になるだろう。

参考文献

池田理知子 (2015)『日常から考えるコミュニケーション学——メディアを通して学ぶ』ナカニシヤ出版.

池田理知子・クレーマー, E. M. (2000)『異文化コミュニケーション・入門』有斐閣.

石井 敏・久米昭元 (2013)「異文化コミュニケーションを学ぶということ」『はじめて学ぶ異文化コミュニケーション——多文化共生と平和構築に向けて』石井 敏ほか, 有斐閣, pp. 1-36.

江利川春雄 (2017)「日本はどうして英語一辺倒主義になってしまったのか」『英語だけの外国語教育は失敗する——複言語主義のすすめ』鳥飼久美子ほか, ひつじ書房, pp. 29-50.

岡村兵衛 (2016)「『ハーフ』をめぐる言説——研究者や支援者の著述を中心に」『人種神話を解体する 3——「血」の政治学を超えて』川島浩平・竹沢泰子編, 東京大学出版, pp. 37-67.

北川達夫・平田オリザ (2013)『ていねいなのに伝わらない「話せばわかる」症候群』日本経済新聞出版社.

久保田竜子 (2015a)『英語教育と文化・人種・ジェンダー』奥田朋世監訳, くろしお出版.

久保田竜子（2015b）『グローバル化社会と言語教育―クリティカルな視点から』奥田朋世監訳, くろしお出版.

久保田竜子（2018）『英語教育幻想』筑摩書房.

津田幸男（2005）「言語・情報・文化における英語支配―その実態と問題点」『言語・情報・文化の英語支配―地球市民社会のコミュニケーションのあり方を模索する』津田幸男編著, 明石書店, pp. 20-35.

寺沢拓敬（2014）『「なんで英語やるの？」の戦後史―《国民教育》としての英語、その伝統の成立過程』研究社.

仲 潔（2017）「期待はずれの学習指導要領」『これからの英語教育の話をしよう』藤原康弘・仲 潔・寺沢拓敬編, ひつじ書房, pp. 101-136.

難波功士（2015）「広告の空間論」『よくわかるメディア・スタディーズ 第2版』伊藤 守編著, ミネルヴァ書房, pp. 156-157.

吉武正樹（2006）「言語選択と英語―見えざる権力としての資本主義」『現代コミュニケーション学』池田理知子編, 有斐閣, pp. 57-73.

吉武正樹（2007）「異文化コミュニケーションにおける言語選択―『英語の普及』をどう捉えるか」『多文化社会と異文化コミュニケーション 改定新版』伊佐雅子監修, 三修社, pp. 73-93.

Bailey, K. (2006). Marketing the *eikaiwa* wonderland: Ideology, *akogare*, and gender alterity in English conversation school advertising in Japan. *Environment and Planning D: Society and Space, 24*(1), 105-130.

Kubota, R., & Fujimoto, D. (2013). Racialized native speakers: Voices of Japanese American English language professionals. In S. A. Houghton, & D. J. Rivers (Eds.), *Native-speakerism in Japan: Intergroup dynamics in foreign language education* (pp. 196-206). Bristol, UK: Multilingual Matters.

Miyazaki, A., & Yamada, K. (2013). Facing with non-nativeness while teaching: Enacting voices of international teaching assistants of basic communication courses. *Basic Communication Course Annual, 25*, 245-282.

Rivers, D. J., & Ross, A. S. (2013). Idealized English teachers: The implicit influence of race in Japan. *Journal of Language, Identity, and Education, 12*(5), 321-339.

日本各地にある「〇〇富士」にあなたも出あったことがあるはずだ
(筆者[池田]が撮影した1970年当時のスタンプ帳)

　1970年の大阪での日本万国博覧会の閉会直後、JR（日本鉄道株式会社）の前身である国鉄（日本国有鉄道）は、「ディスカバー・ジャパン」キャンペーンを始めた。当初は「ディスカバー・マイセルフ」というコピーが考えられていたが、その2年前に川端康成がノーベル文学賞を受賞したときの講演題目「Japan, the Beautiful, Myself 美しい日本の私」からインスピレーションを得て、「ディスカバー・ジャパン」に決まったのだという。このキャンペーンは、日本の「再発見」をよびかけるものだった。あれから半世紀近く経った現在、日本各地で海外からの旅行者の姿が目につく。もしそこで日本文化についての説明を求められたとしたら、私たちは何を語れるのだろうか。来日した人たちに日本を「発見」してもらえるだろうか。

キーワード

異文化交流、レトリカル・シチュエーション、インタープリター

第8章

異文化交流の意味
期待にそえないメッセージ

1. ユニークな文化イメージの再生産

　日本人[1]ほど自分たちについて語ったり、また語られたりすることが好きな国民はいないとよくいわれる。テレビや雑誌、インターネットなどでは、「日本の技術のすばらしさ」や「世界に誇れる日本文化」をうたった番組や記事が確かに多い。こういった同じようなコンテンツが繰り返されているということは、一定の視聴者や読者、アクセス数を獲得できるからなのだろう。

　こうした日本文化のすばらしさをアピールすることは、いまに始まったわけではない。かなり以前より、ガイドブックや雑誌の特集記事など幅広いメディアでみいだすことができる。さらには、「日本人の文化、社会、行動・思考様式の独自性を体系化、強調する言説」（吉野, 1997, p. 4）である「日本人論」も、広く流通している。たとえば、中根千枝の『タテ社会の人間関係』（1967）や、土居健郎の『「甘え」の構造』（1971）といった書物は、日本文化を語る際にいまでもよく言及される古典であり、大学の講義などで一度や二度は聞いたことがある人も少なくないだろう。

　また、このような日本文化や「日本人論」の生産や流通、消費は、日本国内にとどまらない。たとえばルース・ベネディクトの『菊と刀』（1972）や、エドウィン・ライシャワーの『ザ・ジャパニーズ』（1979）のように、日本文化に造詣の深い外国人によって、それらは発信されることが多々ある。加えて重要なのは、もともとは「自らの特殊性の承認」を求めて日本人がつくり出したさまざまな言説が（酒井, 1996, p. 18）、グローバルに展開していることである。それらは映画や音楽などのポッ

---

[1] この章では、「日本で生まれ育った者」という意味でこのことばを使用する。

プ・カルチャーとともに、海外における日本や日本文化のステレオタイプなイメージの創出・強化に一役かってしまっている。多様な言語に翻訳され、世界に拡散し、さらに日本国内に「逆輸入」されているのである。

　グローバル化が進むなか、海外渡航者や訪日する外国人が年々増えている。こうした状況において私たちは、異なる文化背景をもつ人たちに、日本の社会や文化について語ることを求められる機会が多くなった。たとえば、海外旅行や留学先などで、「日本の文化についてみんなの前で話をしてもらえますか」と依頼されたり、逆に日本に来た留学生に「日本について教えてください」と求められたりした経験は、誰しも少なからずあるだろう。そうした要求に対し、私たちはどのように応えればよいだろうか。本章では、異文化交流の機会が増えるなかで、私たちは日本文化の何が語れるのか、前述の「日本人論」のようなステレオタイプに陥らない語りについて探っていく。

2. 期待に応える「語り」

　米国のコミュニケーション研究者であるロイ・ビッツァーは、話し手にとってもっとも重要なのは、与えられた「レトリカル・シチュエーション（rhetorical situation）の希求（exigency）」に応えることであると説明する（Bitzer, 1968）。ここでいうレトリカル・シチュエーションとは、単なる状況や文脈ではなく、場・セッティング、時代背景などが含まれる。また、話し手が話し手としてそこにいる理由や、聞き手が聞き手としてそこにいる理由なども含む包括的な概念として捉えられている。

　では、「レトリカル・シチュエーションの希求」に応えるとは、どういう意味なのだろうか。たとえば、英語教員として教壇に立つ者は、教員として伝えるべきメッセージ（講義内容など）を教員らしく語る以外に選択肢はない。英語を学ぶために集っている生徒や学生の期待に応えなければ、話し手としての役割を果たせないのだ。また、冠婚葬祭

の「式辞」には、何をどう話すべきかについて、経験則にもとづく「定型」がある。「結婚式の祝辞」にせよ「卒業式の送辞」にせよ、私たちは基本的にそれに従っていれば、話し手としての「適切な反応（fitting response）」（Bitzer, 1968, p. 6）をしたことになる。少なくとも「レトリカル・シチュエーションの希求」を大きく損なうことはないだろう。

　私たちに求められる日本文化の語りについても、聞き手の期待に応えるという「しばり」があるのではないだろうか。聞き手がもつ日本文化のイメージや、その場に日本人として招かれているという状況などを話し手が考慮し、応えなくてはならないことがらがあり、それらが「レトリカル・シチュエーションの希求」を形成する。そこで私たちは、聞き手と自らの頭のなかにある、すでに構築されたイメージどおりの日本文化、たとえば「アニメ」「マンガ」「コンピュータ・ゲーム」「フィギュア」といった「クール・ジャパン[2]」の「定型」をなぞったり、「コンビニ文化」や「居酒屋文化」について語ったりするのである。

　このように、与えられた状況において、私たちはさまざまな制約を受けている。だがここで私たちは、ステレオタイプな日本文化のイメージをお互いに確認しあい、それに関連する安易な情報を提供するだけでよいのだろうか。せっかく日本文化について話す機会が与えられたのなら、少し立ち止まって、自分は文化の「仲介者」としていったい「何を」伝えられるのかを、この機会に考えてみるのもよいのではないか。

3. 日本文化のイメージ

　日本文化について自分は「何を」語れるのかを考えるまえに、自らがもつイメージがどういうものなのかをまず明らかにする必要があるだろう。私たち自身が、とらわれている日本文化のイメージがどういったものなのかを知らなければならないのだ。

---

[2] 「マンガ」や「アニメ」といったポップ・カルチャーを日本文化と結びつけようとするもの。経済産業省はこうした文化を輸出しようと、「クール・ジャパン政策」を推進している。

たとえば日本の象徴としてよく言及されるのが、富士山である。その美しさは比類がないものとされ、だからこそ冒頭の写真にあるスタンプの「羊蹄山＝蝦夷富士」のように、日本各地にいくつもの「○○富士」があるのだ。2013年、日本の自然の美しさの象徴であった富士山が、世界自然遺産ではなく、世界文化遺産に登録された[3]。山岳信仰の対象になっている点と、さまざまな芸術作品の題材に使われている点が評価されたようで、あらためて富士山は日本文化を象徴するものとして、さらに多くの人びとの記憶に刻まれることになった。

桜もまた、多くの芸術作品に登場する、日本を代表する文化の象徴とみなされている。文化人類学者の大貫恵美子（2003）が指摘するように、「桜の花は、初めから日本人の重要な象徴として日本文化に登場し、日本人の独自性の表現としての桜の花の重要性はその後［江戸時代以降］も強調され続け」（p. 112）てきた。『古今和歌集』や『伊勢物語』に登場する桜の花の散る様子が、人生の無常やはかなさと結びつけられている例からもわかるように、桜は常に「何か」を表象するものとして語られてきたのだ。ただし、その「桜」にもさまざまな種類があり、〈桜＝ソメイヨシノ〉とは限らないはずなのだが、いまではその結びつきがあたりまえのものとみなされている。

「オオシマザクラ」と「エドヒガン」の交配種であるソメイヨシノは、幕末のころ、江戸・染井村（現在の東京都豊島区駒込付近）の植木屋が売り出した「吉野桜」をその起源だとする説が有力である。「ソメイヨシノ」と命名されたのは、20世紀初めらしい。現在では日本の桜の8割がソメイヨシノだといわれている

図-1 日本酒の銘柄や商品名にもよく使用される「桜」と「富士」
（2019年2月筆者［池田］撮影）

---

3) 世界自然遺産として登録を目指した2003年、ごみの不法投棄や登山者のし尿処理の問題を指摘され、候補地に選ばれなかった（「富士山は『落選』環境保全遅れ響く」, 2003）。

が、その「普及」のきっかけの一つは、日清・日露戦争であった。「各地の名所の由来をみていくと、二つの戦争での出征や勝利の記念、戦没者への追悼のために、城址や忠魂碑の公園、堤防などに植えた事例は少なくない」(佐藤, 2005, p. 101) という。実際は、日清・日露戦争はやっとの思いで勝てた戦争であり[4]、なおさら「勝利」を象徴するものが求められたのかもしれない。接ぎ木で、しかも10年で花が咲くほど成長が早いソメイヨシノは、以降、新しくつくられた公園や碑、土手といったさまざまな場所を美しく彩るために次々と植えられ、〈桜=ソメイヨシノ〉が日本のシンボルとなっていったのだ。

このように、日本人にとって桜とソメイヨシノの結びつきは強い。ソメイヨシノが咲かない沖縄で生まれ育った社会学者の田仲康博 (2008) は、「現実に染井吉野を見たことはなくても、出版物やテレビを通して刷り込まれたそのイメージが、私にとっては『正しい』桜として意識されて」(p. 11) いたようだと述べている。

沖縄や北海道といった地域では見ることのない、4月の「入学式の桜吹雪」や「お花見」といったイメージの刷り込みは、中央集権的な日本文化への同化を促す。東京を中心とした「中央」と、それ以外の「周縁」という力関係が、そこにはある。しかもその力の作用は、桜のイメージといった身近な問題だからこそ、よけいに気づきにくいのだ (伊藤, 2010)。

メディアによって刷り込まれたイメージをそのまま語るだけでは、日本文化についてもっと知りたいと思っている相手に、何ら興味深い情報を与えられず、がっかりさせるだけに終わってしまうかもしれない。「驚き」や「発見」といった異文化を知る楽しみが、そこには何もないからだ。私たちが旅行や留学で海外に行く場合、事前にガイドブックで現地のことを学んだり、留学前研修で「処方箋的教育[5]」を受けたりす

---

4) 作家の半藤一利によると、とくに日露戦争は米国の仲介でようやくやめることができた戦争だったらしい。「続けていれば負けた。だが、重税と命、大きな負担と犠牲を払った国民に明治政府は本当のことを話せなかった」と語っている (「漱石とその時代」, 2017)。

るように、相手も何かしらの「学習」をしているであろうことを忘れてはならない。相手に「驚き」をもって日本文化を知ってもらうためには、まずは自分が日本文化を「発見」する必要があるだろう。「日本の桜について語る」といった、一見すると簡単そうな話でも、少し掘りさげて考えてみると、いかに自分がこれまで知ろうとしなかったかがわかるはずだ。

4. 文化を語るための視点

　それでは、ステレオタイプに陥らない語りとはどういうものなのだろうか。語る内容はもちろん相手次第であり、それによって「何を」伝えたらよいのかは変わってくるはずだが、そこには留意すべき点がある。自らの文化を語ることを相手に求められた際、できればよいイメージをもってもらいたいとの思いから、無意識のうちにプラス面を強調する傾向がある点だ。相手に悪い印象を与えたくない気持ちと相まって、意識する／しないは別にして、よいことしか語らない人が多いのではないか。たとえば、戦争に関連するような歴史的な場所については、加害者と被害者の両方の視点がある場合が少なくないが、加害者としての側面には触れないことが往々にしてある。

　長崎県にある端島（通称、軍艦島）は、日本初の鉄筋高層アパートが立ち並ぶ、炭鉱の「町」として栄えた人工島である。1974年に炭鉱が閉鎖され、廃墟と化していた。ところが、2015年に「明治日本の産業革命遺産」の一つとして世界文化遺産に登録されたことも影響してか、現在では人気の観光スポットとなっている。今にも崩れそうで危険な場所が多いため、ガイドの案内なしには上陸できないこの島のツアーで、中国や朝鮮半島から連行されて来た人たちが過酷な労働を強いられていた事実について語られることはないようだ。

---

5)「異文化と出会った場合どうしたら摩擦を回避できるのか、あるいは摩擦が起こった場合どのように対処したらいいのか」（池田, 2010, p. 101）をあらかじめ指導しておくことを指す。

伝えられる文化や歴史は、参加者が望むものに常に合わせる必要はない。日本の近代化に貢献したかつての石炭産業の遺構を堪能するために、あるいは当時の近代的な高層アパートでの生活に思いをはせるためにやって来た観光客は、彼女／彼らが日本人であったとしても、自らの「負の歴史」を知ることに対して新鮮な「驚き」や「発見」をもって受けとめるかもしれないのだ[6]。

文化や歴史が語られるとき、それは誰かの視点でつくられた「物語」であることを私たちは知っているはずなのに、ときとしてそれを忘れてしまう。同じものや事象について説明されたとしても、語り手によってどこに焦点をあてるかは異なる。「物語」を通して鮮明になっていくのは、むしろ語り手がそれらをどう捉えているかではないだろうか。だからこそ私たちは、誰に向かって語るのか、相手とどういう関係性を結びたいのかを視野に入れて、何を語るべきなのかを考えなければならない。

5. 語る相手へのまなざし

私たちは、相手が誰かによって、話の内容や話し方を変えている。たとえば、目上の人に向かって話すのと、友だちに対して語るのでは、それらは異なるはずだ。なぜなら、社会的に決められたルール・暗黙の了解によって適切なふるまい方が決まっており、私たちはそれに従っているからだ（第2章参照）。ところが異文化交流の場面では、別のルールが存在しており、いまでも根強くそれが作用しているようだ。

それは、いわば「外交官モデル」とでもよぶべきもので、そこには強者から弱者へのまなざしが反映されている。この「外交官モデル」の起源は、第二次世界大戦直後の米国内務省（Department of State）外交官養成所（Foreign Service Institute）の教育プログラムにみいだすことができる。そこで教えられていたのは、赴任先の文化がどういうもので、そこではどういう態度で相手に対峙しなければならないのかといっ

---

[6]「岡まさはる記念 長崎平和資料館」は、中国・朝鮮人労働者たちの実態を詳細に解説しており、近代化推進の「負の遺産」という別の視点を提示している（池田, 2013）。

た「異文化コミュニケーション」であった (Leeds-Hurwitz, 1990)。外交官や大使館員などを対象にしたこのプログラムが、赴任先の現地の人たちを見くだす視線を内包していなかったとはかならずしもいえない。

　それは、かつての文化人類学で行われていたことを思い起こさせる。もともと「未開の地」を「発見」し、それをヨーロッパの自国に伝えるために始まったのが、文化人類学だった。「異文化コミュニケーション」ということばを自著のなかで使い、この分野の生みの親とされるエドワード・T・ホールが文化人類学者であったこと、1950年代前半に前述の外交官養成所で教鞭をとっていたことは (Rogers, Hart & Miike, 2002)、異文化交流を考えるうえで重要である。

　私たちは、語る相手を無意識のうちに「品定め」していないだろうか。そこには人種や国籍、エスニシティといった複雑な要素が絡みあっている（第13章参照）。たとえばアジアやアフリカなどから来た人に対して、どこか見くだした態度をとっていないだろうか。逆に、欧米から来た白人に対しては、無意識のうちにへつらった態度で接しているかもしれない（第7章参照）。そのような相手へのまなざしは、「何を」語るのか以前に、相手の心を閉ざしてしまうかもしれないのだ。それでは、日本文化の「発見」にはつながらない。相手に対する自分の見方が、何にもとづいているのかをいま一度振り返ってみてはどうだろうか。

6. 文化の「仲介者」としての役割

　私たちは、文化の「インタープリター」としての自らの役割を考えるべきかもしれない。ここでの「インタープリター」とは、単なる通訳者を意味しているわけではない。自然や文化・歴史遺産が発している「メッセージ」を「自身の感性を媒介にし、分かりやすく伝えるのがインタープリターの役目」だとされている[7]。私たち自身が日本文化の「インタープリター」なのだと自覚したときにも、同様のことがいえる。そこで私

---

7) 一般社団法人「日本インタープリテーション協会」ホームページより。http://interpreter.ne.jp/?page_id=56（最終アクセス日：2019年2月25日）

たちに求められているのは、人と人、人と文化の「つながり」をつくることではないか。

そしてそのとき重要になってくるのが、「インタープリテーション」という行為が、新たな「発見」につながるか否かという点だろう。「覆っているもの（cover）をはずす（dis）」という「discover＝発見」の本来の意味に立ち返り、異文化交流においてお互いの目を曇らせるステレオタイプという「色眼鏡」をはずせば、違った「景色」がみえてくるはずだ。

伝えようとする文化は、あくまでも私たち自身の「目」を通したものであり、文化のすべての側面など語れるものではない。それでも、「相手が期待するようなことに応えているだけではないのか」「なぜ自分は相手にこれを語ろうとしているのか」と自問自答してみる。「それをどう語ればよいのか」と思い悩み、ことばに詰まったり、言いよどんだりしたあとにようやく発せられたことばから、相手はむしろ日本文化の新たな「発見」をするかもしれないのだ。

（池田理知子・青沼 智・神戸直樹）

It's your turn.　ディスカッションのために

1. 日本文化についてどう思っているのか、話しあってみよう。
2. 相手の人種や国籍の違いが、話す内容や話し方に影響したことはなかったか、自分の経験を振り返ってみよう。
3. あなたが気に入っている観光地や文化・歴史的なスポットに、そこを訪れたことのない人を案内するとしたら、何が話せるかを考えてみよう。

> **Let's try.** さらに考えるために
>
> 　1972年の第17回国際連合教育科学文化機関（ユネスコ）総会で採択された『世界の文化遺産及び自然遺産の保護に関する条約』（世界遺産条約）で定義されている世界遺産には、文化遺産と自然遺産、それら両方の要素をもつ複合遺産の3種類がある。1993年、日本で初めて文化遺産に登録されたのが、法隆寺地域の仏教建造物（奈良県）と姫路城（兵庫県）だった。また、同じ年に屋久島（鹿児島県）と白神山地（青森県、秋田県）も自然遺産に登録されている。その後も登録が相つぎ、「遺産ブーム」とでもよぶべき現象が起きている。登録されると注目を集め、人が訪れるため、「地域活性化」につながるとして歓迎される一方で、次々とやって来る観光客から、いかに自然や文化財を保全・保護しつつ活用をはかれるかといった問題も起こっている。『観光人類学の挑戦』（2009）に収録されている山下晋司の論考「世界遺産という文化資源」を読んで、世界遺産に登録される意味とは何かを考えてみよう。

参考文献

池田理知子（2010）「『カルチャー・ショック』と適応」『よくわかる異文化コミュニケーション』池田理知子編著, ミネルヴァ書房, pp. 100-101.

池田理知子（2013）「メディアとしてのミュージアム―公害資料館への眼差し」『メディア・リテラシーの現在―公害／環境問題から読み解く』池田理知子編著, ナカニシヤ出版, pp. 185-202.

伊藤夏湖（2010）「中央と周縁」『よくわかる異文化コミュニケーション』池田理知子編著, ミネルヴァ書房, pp. 164-165.

大貫恵美子（2003）『ねじ曲げられた桜―美意識と軍国主義』岩波書店.

酒井直樹（1996）「序論―ナショナリティと母（国）語の政治」『ナショナリティの脱構築』酒井直樹・バリー, B.・伊豫谷登士翁編, 柏書房, pp. 9-53.

佐藤俊樹（2005）『桜が創った「日本」―ソメイヨシノ起源への旅』岩波書店.

「漱石とその時代」（2017年3月22日）『熊本日日新聞』朝刊, 13面.

田仲康博（2008）「帰ってきた沖縄の子ら―言葉、風景、身体をめぐって」『日本研究のフロンティア』7-22.

土居健郎（1971）『「甘え」の構造』弘文堂.

中根千枝（1967）『タテ社会の人間関係―単一社会の理論』講談社.

「富士山は『落選』環境保全遅れ響く」（2003年5月27日）『朝日新聞』山梨版朝刊, 31面.

ベネディクト, R.（1972）『定訳 菊と刀―日本文化の型』長谷川松治訳, 社会思想社.

山下晋司（2009）「世界遺産という文化資源」『観光人類学の挑戦―「新しい地球」の生き方』山下晋司, pp. 75-96.

吉野耕作（1997）『文化ナショナリズムの社会学―現代日本のアイデンティティの行方』名古屋大学出版会.

ライシャワー, E.（1979）『ザ・ジャパニーズ』國広正雄訳, 文芸春秋.

Bitzer, L. F. (1968). The rhetorical situation. *Philosophy & Rhetoric, 1*, 1-14.

Leeds-Hurwitz, W. (1990). Notes in the history of intercultural communication: The Foreign Service Institute and the mandate for intercultural training. *Quarterly Journal of Speech, 76*(3), 262-281.

Rogers, E., Hart, W.B., & Miike, Y. (2002). Edward T. Hall and the history of intercultural communication: The United States and Japan. *Keio Communication Review, 24*, 3-26.

あなたとテーブルを囲むのは誰だろうか（写真／田仲康博）

　多国籍チームで働きはじめたばかりの日本人新入社員Ａは、アメリカで４年間大学生活を送った海外滞在歴があり、多様な背景をもつメンバーとかかわることにはほかの日本人メンバーより慣れていて、それほど難しいとは思っていない。むしろ、日本企業の残業の多さに戸惑いを感じている。アメリカ留学時代に、仕事と同様、もしくはそれ以上にプライベートな時間を大切にするライフスタイルに触れ、共感していたため、日本企業での働き方に違和感を覚えているのだ。多国籍チームといっても、国籍だけでは捉えきれないさまざまな考え方や価値観、文化をあわせもつ人びとがおり、そうした他者と良好な関係を築いていかなければならない。ここでは、企業内多国籍チームにみるアイデンティティの課題と、異なるメンバーが協働していくためには何が必要なのかを考えていく。

──キーワード──

アイデンティティ、コンテクスト・シフティング、ファシリテーション、多文化シナジー

第9章

多国籍チームにみる組織内コミュニケーション
差異とアイデンティティ

1. 多国籍チームのなかの多様性

　中国、ベトナム、日本といったさまざまな国籍をもつ人たちが、ともに働くチームが企業内にはある。このような三つ以上の異なる国籍や文化を背景とする人びとが働く組織を「多国籍チーム」、もしくは「多文化チーム」とよぶ。日本でも、さまざまな企業がアジアの国々を中心とした外国籍の人びとを積極的に採用しはじめ、多国籍チームが形成されている。

　「多国籍」ということばから、どうしても国籍や明らかに異なる外見などをイメージしやすいが、多国籍チーム内の多様性は国籍にとどまらない。チームでは、それぞれのメンバーが背景とする宗教や出身地域、世代、ジェンダー、社会階層、キャリア、海外滞在歴、身体能力などにもさまざまな違いがある。こうした多様性は、各メンバーの考え方や行動の仕方、感情の表し方、つまり文化の違いを生む。

　このように、多様な文化を背景とするメンバーが日常的にやりとりをする職場環境は、私たちに切実な問いを投げかける。多様で異質な他者を尊重し、彼女／彼らと協働できる「自分」とは何者か、というアイデンティティに関する問いである。まずは、多国籍チームにおけるアイデンティティの課題から探っていく。

2. 多様なメンバーのアイデンティティ

　多国籍チームで働く多様なメンバーのアイデンティティについて考えるとき、「社会的アイデンティティ理論」（Tajfel, 1972）が一つの助けとなる。その理論によれば、人はまず、自分とは違う社会集団に属する他

者について何らかのカテゴリー化を行う。そして、そのカテゴリーにあてはまらない自分を確認し、自身の所属意識とアイデンティティを自覚する。たとえば、あるチームで働く「契約社員」の中国人メンバーは、自分とは立場の異なる「正社員」を他者としてカテゴリー化し、それとは違う自分を「契約社員」として捉える。

　この見方に立てば、チームのメンバーは、たとえ日本人どうしでも、世代やジェンダー、出身地域、出身校といった点において、自分とは異なる集団カテゴリーに属する「他者」である可能性がある。世代が違えば、使うことばやふるまいも異なることがあり、こうした違いに繰り返し「出あう」ことによって、自身のアイデンティティを認識していくのだ。

　多国籍チームのメンバーが、日常のやりとりを通じて、他者の考え方やコミュニケーション・スタイルに接するうえで、留意点が二つある。

　一つは、異質な他者との比較のなかで、自分を無意識のうちに「好ましいもの」「より優れたもの」としてしまうことがある点だ。それは、他者を「好ましくない」、もしくは「自分より劣る集団に属する者」としてカテゴリー化し、ひいては相手を差別することにもつながってしまう。そうならないためには、チーム・メンバーを「他者」としてカテゴリー化している自分を冷静にみつめる、「もう一人の自分」を育てる必要がある。

　たとえば、ときに日本ではアジア圏からの観光客に対して「マナーが悪い」「まわりを気にしない」などと評する風潮がある。しかし、そのような評価は多くの場合、文化的な習慣の差に起因している。文化的な差は確かに「違い」を意識させるが、本来、それは優劣によって測られるものではない。多国籍チームで働く人びとは、差別に対して「ノー」といえる倫理観や、無意識のうちに差別していることに自ら気がつく感覚を育てていくべきである。

　もう一つは、異質な他者の立場やニーズに配慮し、自他の間にある差異を理解したうえで、多様なニーズに対応するために、多角的な視点を醸成する必要があるという点だ。これは、多国籍チームに所属する多様な背景をもつメンバーのニーズに応える、柔軟なアイデンティティを形

成するうえで有益である。近年、多くの企業では多様な人びとを尊重し、彼女／彼らが組織のなかで疎外感を覚えないよう「ダイバーシティ（多様性）＆インクルージョン（社会的包摂）」というスローガンを掲げ、組織に所属する人びとに対する配慮を求めている。そのため、多国籍チームのメンバーには、「多様性に関する知識」と「多様な人びとと実際にかかわった経験」が必要とされるのだ。

次に、コミュニケーションのなかで実践される、多様性に配慮した多国籍チーム内の取り組みについてみていく。

3. 多様性に配慮したコミュニケーションの実践

コミュニケーションにおいては、場面や話題などによって、浮かびあがるアイデンティティが異なる。あるIT企業の多国籍チームの日本人メンバーによれば、外国籍メンバーとITの専門的な話をするときには、共有する知識が多々あるためそれほど違いを感じず、意志疎通も比較的スムーズだという。つまり、その場ではお互いにITの専門家としての自分が強く出ているということになる。一方で、食事の話といったお国柄が出やすい会話をするときには、急に国籍にもとづくアイデンティティが意識されるという。

このように、多国籍チームにおいては、状況や話題によって意識されるアイデンティティが変わるが、この変化を利用して、多様性に関する知識と経験をチーム内に浸透させることもできる。たとえば、イスラム教のメンバーが在籍するチームにおいて食事会をするときには、そのメンバーの宗教にもとづく習慣を尊重し、イスラム教の人びとが食べられる料理（図-1）を提供する店を選んだり、チームにお土産を持っていくときも、イスラム教のメンバーが食べられるものを選んで配ったりするのだ。

図-1 ハラール認証も一般に知られるようになってきた
(編者［池田］提供)

また、メンバーが話す複数の言語でチームの目標やスローガンを表記し、異なる言語を用いるメンバーに配慮するなど、言語的多様性を尊重する姿勢をチーム内のコミュニケーションで実践する。こうして、多様な視点や違いに気づく感覚が育っていくのだ。

　以上のような取り組みは、チーム・メンバーがお互いの多様性に配慮し、それを表現するという意識にもとづいている。そのとき考えなければならない問題の一つに、さまざまな力の差への配慮がある。日本語を母語とする日本人メンバーは、日本語の非母語話者である外国籍メンバーと比べ、日本語によるコミュニケーションにおいて優位に立ち、力をもっているといえる。だが、英語でのコミュニケーションでは、その立場が逆転するかもしれない。このような力の差を、力をもっている側は自覚しづらいので注意が必要である。

　次に、多様な立場、力の差を含めた関係性に配慮するための一助となる、コンテクスト・シフティングとファシリテーションという二つの考え方についてみていく。

4. 相乗効果をもたらすコミュニケーション

● コンテクスト・シフティングで育む想像力

　チーム内のメンバー同士でお互いへの配慮を可能にするのは、多様性に関する豊富な知識と経験、そして「さまざまな視点に移動して考える力」である。多国籍チームでうまく人間関係を築ける人の多くは、この視点の移動を自然に行うことができる。このように、さまざまなコンテクストへ視点を移して、ものごとについて考える営みを「コンテクスト・シフティング（Context shifting）」（石黒, 2013；2016）という。

　では、そもそもコンテクストとは何だろうか。かつて国語の授業で学んだ、文章における「前後の文脈」というのが一般的な意味だろう。コミュニケーション学では、それに加え、「場所、場面、対人関係、（ルールなどの）共有知識」といった意味を含むのが、このことばだ。日本企業の多国籍チームであれば、日本企業というコンテクストのなかで、外

国籍メンバーも「日本のやり方に従うべきだ」という考えが主張されることがある。これは、日本社会や日本企業というコンテクストのなかで考えたときに出てきやすいものだ。一方で、ほかのコンテクスト、たとえば、「多様性の尊重」というコンテクストのなかで、さきほどの「日本のやり方に従うべきだ」について考えると、その考えは閉鎖的であるといえる。逆に、「日本のやり方に従わずに」、むしろ多国籍チームの多様性を活かし、創造的な製品やサービスを生み出せないかといった話にもなる。

　仕事中に椅子に座ったまま昼寝をしてしまう外国籍メンバーがいて、それを見たまわりの日本人メンバーが「不真面目だ」とし、次々に不満を述べたとしよう。しかし、仕事の合間に昼寝をする習慣がある国のコンテクストに視点を移して考えれば、それを日本の組織で受け入れることはできなくても、単に「不真面目」ではないことがわかる。そのうえで、日本人メンバーのコンテクストからみると、日本では昼寝が「不真面目」とみなされることを外国籍メンバーに伝え、今後気をつけるように説明することもできる[1]。

　上記のように、さまざまなコンテクストへ視点を移して考えることができればよいのだが、私たちが意識できるコンテクストには限界がある。すぐに意識しやすいコンテクストもあれば、意識しづらいものもある。たとえば、日本で生まれ育った多くの人にとって、砂漠で暮らすというコンテクストは想像しがたいものである。多国籍チームは、さまざまなコンテクストのなかで生きてきたメンバーが集まり、それをもち寄る場であるが、砂漠の例のように、ほかのメンバーのコンテクストを理解しようとしても困難な場合がある。しかし、コンテクスト・シフティングを行うことで、それまで意識すらしなかった、なじみのないコンテクストがあることを知れば、そのコンテクストについて学びたいという好奇

---

[1] 近年、短い昼寝の時間を積極的に導入する日本企業も現れ、日本のコンテクストも変わりつつある。NewsSphere 編集部（2014）「『オフィスで昼寝』は良いことずくめ　ナイキやグーグル、日本企業も導入…海外紙が推奨」https://newsphere.jp/entertainment/20140601-1/（最終アクセス日：2018 年 10 月 15 日）

心が生まれるかもしれないのだ。

● ファシリテーションによる合意形成

　チーム内では、ほかのメンバーと日々コミュニケーションをとりながら、自分がなじみのないコンテクストについて情報を収集し、継続的に学ぶ姿勢をもつことが肝要だ。その意味で、日常のやりとりを通して多様な意見やその背景にあるコンテクストを引き出し、異なるアイデアを擦りあわせたり合意を形成したりする「ファシリテーション(facilitation)」(中野ほか, 2009)は、重要な考え方である。

　たとえばファシリテーションには、チーム内の会議で話しすぎるメンバーには話す量を抑えさせ、他のメンバーが話せる機会をつくり、多様な意見を引き出すといったやり方がある。チームのなかで、あまり話をしないようなメンバーからアイデアを募ることで、創造的な企画、商品開発、販売促進方法などへとつながっていく可能性が生まれるのだ。こうした多様な文化を背景にもつ人びとがお互いの文化を尊重しつつ、その相乗効果(シナジー)で新しいものを生み出す過程を「多文化シナジー」(松田, 2011, p. 22)という。それは多国籍チームに集うメンバーのアイデンティティを尊重しつつ、協働した結果生まれるものである。

　このように、企業内におけるファシリテーションは、多様性を尊重し、相乗効果を生み出すという意味で重要な視点となるが、そうした考え方は企業活動以外の日常的な場面でも重要な役割を果たすだろう。たとえば、授業内でほかの学生とグループ・ディスカッションをするとき、各自のものごとに対する考え方や意見の違いに驚かされることがあるかもしれない。しかしそんなとき、初めから異なる意見を拒絶するよりも、どうして相手がそのような発言をしたのか想像してみると、いろいろなことがみえてくる。文学を専攻する学生と経済学を専攻する学生が同じトピックについて議論する場合、注目する視点や捉え方が異なるのは当然のことである。しかし、お互いに自分の知らない学問領域の考え方を取り入れてみたら、一人では思いつかないような発想が得られるかもしれない。多様な視点を組みあわせることで新しい何かを創造する、それ

こそが「多文化シナジー」の力なのである。

5. 差異から生まれるアイデンティティ

　本章では、多国籍チームにおけるメンバーのアイデンティティが国籍に限らず、さまざまな観点から多面的に捉えられること、また、コミュニケーションの状況によって、ほかのアイデンティティより強く意識されるものがあることについて述べた。さらに、多国籍チームで、他者の多面的な側面を尊重しつつ、チーム内のメンバーと協働するうえで必要な考え方や具体的なやり方について紹介した。

　日本国内の企業では、チーム内の多様性を尊重できなかった結果、外国籍メンバーが自殺に至った事例も報道されている（平山, 2018）。そうした事例を知ることは、数年後に社会に出て働くことになる学生にとって重要である。それは、かならずしも多国籍チームのような環境ではないかもしれないが、就職というかたちで新たな場に身をおくこと自体が、多様な他者と出あい、これまでみえていなかった自分に気づくきっかけを与えてくれるはずだからだ。それまでの学生生活とは違い、職場をともにする人たちは年齢の幅も大きく、出身地も異なれば、学んできた学問もばらばらかもしれない。そこでは、他者との違いを通じて自分のアイデンティティが生成されていく過程を経験することになるだろう。

　また就職するということは、すでに成り立っている職場環境のなかで自分が新参者になる、ということでもある。慣れない環境においては、これまでの自分のやり方が通用しなかったり、ときには自分が少数派になったりすることもあるかもしれない。その環境に、自分を無理やり従わせるのか、それとも違いをもとに、新しい場や関係を形成する契機とするのか。差異から生み出されるアイデンティティ（第1章参照）に向きあうことが、その一歩になるだろう。

（石黒武人）

It's your turn.　ディスカッションのために

1. 隣の人に自己紹介してみよう。自分を説明するのにどのようなカテゴリーを用いるだろうか。別の説明も可能であるはずなのに、なぜそのカテゴリーを用いたのか、考えてみよう。
2. 普段不自由なく生活している環境は、誰かにとって生活しづらい可能性はないか。コンテクスト・シフティングの考え方にもとづいて、自分とは異なる立場を想像してみよう。
3. 考え方や価値観の違いからまわりの人と衝突が起きるような場面について、身近な経験のなかから例をあげてみよう。また、そこではどのようなファシリテーションが可能か、多角的に考えてみよう。

Let's try.　さらに考えるために

　多国籍チームでは多様な他者の存在が自分のアイデンティティを考えるきっかけになるように、アイデンティティとは他者との違いを通して明らかになってくるものである。つまり、それは所与のものでもなければ、不変で固定的なものでもない。さらにいえば、それは、「誰に対する自分であるのか」といった関係性や場面によって複数化しうる。いまは学生として教室に座っている人も、家族やバイト仲間の前では別の顔をもっているはずだ。アーヴィング・ゴッフマンは『行為と演技』(1974)のなかで、人は社会生活のなかで期待されるさまざまな「役割」を考慮しながら、自分の立場やふるまいを調整していくことを指摘した。そうしたプロセスに目を向けてみると、アイデンティティをかたちづくる境界線が、実は恣意的なものであることに気づかされるだろう。

参考文献

石黒武人（2013）「異文化コミュニケーションの教育・訓練」『はじめて学ぶ異文化コミュニケーション―多文化共生と平和構築に向けて』石井 敏・久米昭元・長谷川典子・桜木俊行・石黒武人, 有斐閣, pp. 207-230.

石黒武人（2016）「現象の多面的理解を支援する『コンテクスト間の移動』に関する一試論―グローバル市民性の醸成に向けて」『順天堂グローバル教養論集』1, 32-43.

ゴッフマン, E.（1974）『行為と演技―日常生活における自己呈示』石黒 毅訳, 誠信書房.

中野民夫・森 雅浩・鈴木まり子・富岡 武・大枝奈美（2009）『ファシリテーション―実践から学ぶスキルとこころ』明石書店.

平山亜理（2018 年 10 月 14 日）「ベトナム人実習生ら、相次ぐ死―孤独や過剰労働『心身、不安定に』」『朝日新聞』朝刊, 31 面.

松田陽子（2011）「多文化関係学へのアプローチ」『多文化社会日本の課題―多文化関係学からのアプローチ』多文化関係学会編, 明石書店, pp. 16-24.

Tajfel, H. (1972). Social categorization. English manuscript of "La categorization sociale." In S. Moscovici (Ed.), *Introduction a la psychologie sociale, 1* (pp. 272-302). Paris: Larousse.

第III部

発展編

「日本人」が好むものって何だろう（写真／田仲康博）

　2018年8月、若干20歳の第20シード選手がセリーナ・ウィリアムズをストレートで破り、全米オープンテニス大会の女子シングルスを初めて制覇した。ハイチ出身の父と北海道出身の母をもつ大坂なおみである。日本のメディアはこぞって彼女の快挙を大きく取りあげ、*New York Times* には「大坂選手が日本人の再定義をするのか」[1] と題した記事が掲載された。「凱旋帰国」の際の記者会見では「日本で抹茶アイスクリームを食べたいと仰っていましたけど、もう食べられたんですか」「日本でやってみたいこと、行ってみたいところ、何かありましたら教えて頂けますでしょうか」「大事にされている日本語ですとか、好きな言葉はありますか」[2] など、テニスに直接関係がないことがらに質問が集中した。日本国籍をもつ「日本人」であるにもかかわらず、まるで外国人選手のように扱うメディアの様子から、あらためて「日本人」とは何かについて考えさせられる。

■ キーワード

国民的主体化、異文化適応能力、コミュニケーション能力、よそ者

---

1) Rich, M. (2018, September 9). In U.S. Open victory, Naomi Osaka pushes Japan to redefine Japanese. *New York Times*. https://www.nytimes.com/2018/09/09/world/asia/japan-naomi-osaka-us-open.html（最終アクセス日：2018年12月15日）
2) 「大坂なおみ会見『全質問』 メディアは彼女に何を聞いたのか」（2018年9月13日）『J-CAST ニュース』https://www.j-cast.com/2018/09/13338629.html?p=all（最終アクセス日：2018年12月15日）

第10章

スペクテーター・スポーツの異文化論
わかりやすい「日本人」の姿

1. スペクテーター・スポーツとグローバル化

　現代社会において、スポーツは消費対象である（上杉, 1995；佐藤, 2011；原田, 1997）。私たちの多くは、娯楽や健康維持のために運動やスポーツイベントに参加したり、あるいはそれに関する情報を得たりするのに、自身の時間や財産の一部を割くことにためらいがない。たとえば、会費を支払いアフターファイブのスポーツクラブで汗を流す者、毎週末自家用車でいそいそとゴルフのコンペに出かける者、仲間とのプロ野球ナイター観戦でビール片手に暑気払いをする者、ひいきのJリーグチームの試合を自宅でテレビ観戦するためにケーブルテレビに加入する者など、その消費形態はさまざまだ。

　競技者や審判以外の第三者、すなわち観客（スペクテーター）の存在が欠かせず、とりわけ「観る」というコミュニケーションが不可欠な「スペクテーター・スポーツ」は、消費対象たる現代スポーツの典型といえる。スポーツエリートの「人間の身体的能力の限界を目指した技能と、知的能力の限りを尽くした戦略・戦術の展開（中略）高い技術レベルでの競争」は、観客たる「人々に大きな興奮をもたらす」のだ（上杉, 1995, p. 5）。スポーツの「見方」は、実際に会場に足を運んで行うもの（いわゆる「生観戦」）と、メディアなどを通じたものとの二つに大別されるが（佐藤, 2011, p. 103）、観客はたいていそれを同時に行っている。つまり、観客はプロアスリートの卓越したパフォーマンスを観ているだけではなく、メディアが伝える選手の人柄や競技に対する姿勢、怪我からの復活・チームメイトとの友情・ライバルとの切磋琢磨といった「物語」、すなわち「サブ・テキスト」をも同時に消費しているといえるだろう。

　日本ではチーム競技、個人競技、さらにはモーター・スポーツやエレ

クトリック・スポーツ（eスポーツ）など、さまざまなスペクテーター・スポーツのイベントが催されているが、特筆すべきはそれらの多くが「グローバル化」されていることだ。たとえば、日本のプロスポーツでは、これまで多くの外国人選手が活躍してきた。野球では米国メジャーリーグから多くの「助っ人」が来日してペナントレースを盛りあげ、ゴルフでは台湾や韓国出身の選手が日本国内のツアーにレギュラー参戦して人気を集めている。大相撲は1930年代より外国人に門戸を開いており、現在は全力士の約5％が外国出身者である[3]。

　本章では、こうしたスペクテーター・スポーツにおける選手のシンボリックな役割を通して、ステレオタイプ化された「日本人」のイメージとその変遷をみていく。プロアスリートに私たちが求める、わかりやすい「日本人」の姿は、鏡に映る理想化された私たち自身の姿ではないだろうか。

2. 敵役は「外国人」

　オリンピックやサッカーワールドカップといった国・地域代表対抗のスポーツを観ることは、〈日本代表を応援する立場〉→〈日本代表の立場〉→〈日本（人）の立場〉という国民的主体化の政治的プロセスに、私たちを無意識のうちにいざなう。このプロセスで重要なのは、相手選手、そして彼女／彼らが代表する国・地域がステレオタイプ化された「他者」として表象されるということである。たとえば、ガーナやナイジェリアといった黒人主体のチームを「個々の身体能力は優れているが、組織力では劣る」などと決めつけたり、北朝鮮代表を応援するサポーターを「洗脳された集団」「不気味な集団」などと形容したりすることがそれにあたる（有元, 2018）。他方、日本代表チームには「スマイル」「なでしこ」「サムライ」「マドンナ」「火の鳥」といった愛称がつけられる。そして

---

3) 渡辺佳彦（2018年2月23日）「外国出身力士の人数制限門戸開放にかじ切っても…」『日刊スポーツ』https://www.nikkansports.com/battle/column/sumo/news/201802220000001.html（最終アクセス日：2019年2月15日）

すべての国民が、日本代表チームと身も心も一つとなって〈相手＝外国＝敵役〉と戦うのだ。

　興味深いことに、国・地域代表対抗以外のスポーツにおいても、同様の政治的プロセスがみられる。なかでもわかりやすいのは、スポーツというジャンルの「鬼っ子」（村松, 1980, p. 17）たるプロレス（プロフェッショナル・レスリング）であろう。まずは、本場米国の事例をみてみたい。プロレスを扱った「レッスルする世界（原題 Le monde où l'on catche）」と題するエッセイで、修辞学者ロラン・バルト（1967）は「アメリカではレスリングが善と悪の神話的戦いの一種を成すことはすでに知られている」（p. 15）と書き記している。その「善と悪」にはさまざまなパターンがあるが、一番典型的なのは〈善＝米国（人）／悪＝日本（人）〉という組みあわせだ。

　たとえば、グレート東郷（本名ジョージ・カズオ・オカムラ）は、日米太平洋戦争開戦のきっかけとなった日本軍の真珠湾攻撃を彷彿とさせる奇襲や反則、また下駄などを使った「凶器」攻撃で、1950年代に〈ジャップ＝悪役〉としての人気を一身に集めたレスラーである。そのグレート東郷とチームを組み、「東郷ブラザーズ」として全米で悪名をとどろかせたのがトシ東郷ことハロルド・サカタだ。この2名に、キンジ・シブヤ、オーヤマ・カトー、グレート・ヤマト、ミスター・モト、デューク・ケオムカを加えた「7人のトーゴー」が、当時の米国のプロレス界の話題をさらった。〈悪玉＝敵役〉たる彼ら「外国人」と、善玉米国人レスラーとの試合は、全米各地で人気を博したそうだ（村松, 1982；森, 2005）。

　米国からプロレスが輸入された日本でも「善と悪の神話的戦い」は踏襲された。ただし、パターンは〈善＝日本（人）／悪＝外国（人）〉と反転し、さらに「大きな外人 vs. 小さな日本人」という新たな構図が加えられ、日本用に「お色直し」（村松, 1980, p. 106）された。その典型は1954年東京・蔵前国技館で開催された、力道山・木村政彦 vs. ベン＆マイク・シャープのタッグマッチにみられる。これは日本プロレス協会初の興行として、NHKと日本テレビによって全国生中継された一大イベン

トであり、街頭テレビの前は黒山の人だかりだったそうだ[4]。

　試合は終始シャープ兄弟のペースで進んだ。力道山は大相撲元関脇、また木村は柔道7段の猛者ではあったが、この試合のために急造されたコンビであり、当然ながら苦戦を強いられた。シャープ兄弟はいずれも身長190 cm、体重110 kg超の巨体であり、比較的小柄な木村（170 cm、80 kg）に標的を定め、攻撃を加え続けた。そして試合終盤、防戦一方の木村からタッチを受け、満を持してリングに入った力道山の怒りが爆発した。伝家の宝刀、空手チョップがついに火を噴き、2メートル近い大男が倒された。「日本人の怒りが込められた力道山の右手が、勝った。日本人の怒りが、アメリカに勝った。万歳を叫ぶ者がいた。目頭を押さえる者もいた」（李, 1998, p. 145）。

　このプロレス観戦から、国民的主体化のプロセスをみいだすのはたやすい。当時の観客にとって、力道山は単なるレスラーではなく日本のヒーローであり、シャープ兄弟は単なる対戦相手ではなく鬼畜米英そのものであった。そこでは、力道山が朝鮮半島出身者であるとか、シャープ兄弟が米国人ではなくカナダ人であるという事実はどうでもよかったのだ。

　前述の「7人のトーゴー」も全員が「米国市民」であり、当時のスペクテーター・スポーツにおける「外国人」という肩書きの多くが「ギミック（フィクショナルな触れ込み、設定）」だったといえる。しかもそこには、表象された敵役の「外国人」を通して「日本人」のあるべき姿が消費され、しかもその「日本人」も「ギミック」であったという皮肉な構図がみられるのだ。それは冒頭で紹介した、大坂なおみが日本国籍をもつ「日本人」であるにもかかわらず、「外国人」扱いするメディアを通すことによって、「日本人」とはこういうものだというイメージが共有されていく様子と重なってくる。そしてこうしたイメージが共有されることで、共同体内のつながりがさらに強化されていくのである。

4）「力道山・木村組対シャープ兄弟戦　1954年2月19日」『昭和毎日』http://showa.mainichi.jp/news/1954/02/post-f896.html（最終アクセス日：2019年2月15日）

3. 助っ人選手の「日本人らしさ」

　もちろん、スペクテーター・スポーツにおいて、外国人はいつでも・どこでも・かならず敵役というわけではない。日本国内のプロレス興行において、日本人と米国人の善玉が共闘し悪玉コンビと対決するとか、日本人チャンピオンが善玉として海外のリングに登場し拍手喝采を浴びるといったことも、とくに珍しくはなくなった。また現在、プロ野球やサッカー、バスケットボールなどの日本国内リーグで活躍する外国人選手の多くは、敵役どころかファンのあこがれの的である。

　なかでもランディ・バースという米国人は、かつての野球ファンにとって特別な存在であった。1983年に来日したバースは、打率1位・打点1位・ホームラン数1位の「三冠王」に二度も輝き、また1985年の阪神タイガース優勝に大きく貢献した。1番から8番までずらりと「ポイントゲッター」を並べた当時のタイガースのラインアップのなかでも、とりわけバースは「神様、仏様、バース様」とファンに愛され・あがめられ、そして相手チームには恐れられる存在であった。

　引退後約30年経った現在も、「あの名選手はいま」といったテレビ番組の常連であるバース。彼は技術的にも、また文化的にも「最も日本に馴染んだ助っ人」[5] であった。力任せにバットを振りまわすのではなく、小柄な日本人選手のごとく器用なバットコントロールで安打を量産する打撃技術。チームに迷惑をかけまいと足の怪我をおして試合に出場し、チームメイトの走塁死を阻止すべく痛む足でベースに滑り込む自己犠牲の精神。遠征先では仲間と飲食をともにしてチームに

図-1　超満員の甲子園球場とセンターポールにたなびく日章旗
(2004年7月筆者[青沼]撮影)

---

5) 田所龍一 (2015年10月24日)「猛虎〜奇跡の昭和60年 バースが消えた日〜最も日本に馴染んだ助っ人」『産経WEST』https://www.sankei.com/west/news/151022/wst1510220056-n4.html (最終アクセス日：2019年2月15日)

溶け込み、本拠地甲子園球場のロッカールームでは将棋を指して気分転換し、試合前には大好きな天ぷらうどんをかき込む。「ワシの知る限り、いきなり箸を使えたんはランディーだけやった。それも、ちゃんとした持ち方でやで」[5]と当時のチームメイト川藤幸三は振り返る。

　異文化コミュニケーションの視座からは、バースは異文化適応能力に優れていたということが、まずいえるかもしれない。「郷に入れば郷に従え（When in Rome, do what Romans do）」を忠実に守り、慣習や考え方の違いを受け入れる。これまで慣れ親しんできた自分なりのやり方やプライドをときには脇において、異国の地のコーチやチームメイトの助言に耳を傾け、それを取り入れる。来日したほかの助っ人の多くがもちあわせていなかったこうしたスキルをグラウンドの内外で発揮できたことが、日本における彼のサクセスストーリーにつながったという見方は、あながち的はずれではないだろう。

　さらに、ファンに愛される外国人像についてもう一ついえることは、バースに限らず、彼女／彼らについての語りにはきまって「日本人らしさ」の言説がつきまとうという点だ。それは競技技術や体型・体格に関するものから、勤勉、自己犠牲、謙虚、和の尊重といった精神面についてのもの、はたまたラーメン好き、寿司好き、また納豆が好物といった食べ物の嗜好にいたるまで多岐にわたる。

　こういった「日本人らしさ」の言説は、外国人選手についてのみならず、海外にルーツをもつ日本人選手（帰化選手、「ダブル」の選手など）についての語りにも多くみうけられる。ラグビートップリーグ東芝ブレイブルーパス所属のリーチ・マイケル（2013年に帰化）や、元Jリーガーのラモス瑠偉（1989年に帰化）の「日本人らしさ」を賞賛する言説はちまたにあふれている[6]。

　私たちはスポーツになぜそこまで「日本人らしさ」を求めるのだろう

---

6) たとえば、リーチ・マイケルについては https://www.rugby-japan.jp/news/2015/09/27/14388（最終アクセス日：2019年2月15日）、ラモス瑠偉については https://ameblo.jp/myaimistrue/entry-10835573177.html（最終アクセス日：2019年2月15日）などを参照。

か。プロとしての卓越した技術・実力を楽しむだけでは飽きたらず、外国からの「助っ人」や帰化した選手の「日本人らしい」物語こそがもっとも重要であるかのようだ。そしてその物語には、私たち自身がもつステレオタイプな「日本人らしさ」が投影されているのである。

4. グローバル化と日本人選手

　近年、海外で活躍する日本人選手のすばらしさを手放しで礼賛するメディアでの言説が、とみに目につく。書店にはメジャーリーグのスーパースター、イチローの「日本人らしさ」を伝える書物が並び（奥村, 2014）、ビッグサーバーに立ち向かうテニスの錦織圭の活躍がさまざまなメディアでフィーチャーされたりする。その一方で、本田圭佑や堂安律といった海外で活躍するサッカー選手の歯に衣着せぬ物言いが賞賛されたりもする。しかしこの規格外の言動も、世界で通用する「日本人」だからこそ許されているのではないだろうか。しかも、「日本人らしさ」がここでも〈スペクテーター＝観客〉に共有されているからこそ、典型的な「日本人」から少々はずれた姿として消費されているのである。

　本田や堂安の言動は、1980年代のコミュニケーション教育を取りまく状況を思い起こさせる。日本の世界経済に与える影響力が相対的に高まっていくなかでさかんにいわれはじめたのが、自己主張の必要性であった（池田, 2006）。そのことを象徴していたのが、1989年にミリオンセラーとなった『「NO」と言える日本』だった。当時衆議院議員だった石原慎太郎と、ソニーの会長だった盛田昭夫が書いたこの本では、「アメリカの対日強硬姿勢に対して、優れた技術力を持つ日本は、臆するところなくはっきり『ノー』と言わなくてはならない」（池田, 2006, p. 244）といった強い主張がなされていた。過激な内容を含むこの本は厳しい批判も受けたが、それ以上に「ノーと言えない日本人」はだめなのだという主張に多くの人が共感を覚えたからこそ売れたのだろう。

　こうした流れと呼応するように、「コミュニケーション」ということばがこのころからさかんに使われだすのだが、ここでのその意味は限定

的である。一つには、このことばと英語力とが密接に結びついていたことがその理由である（第7章参照）。また、要領よく自分の考えを相手に伝えられる能力、いわゆるコミュニケーション能力を高めるのが重要という意味でも限定的であった（第2章参照）。

　コミュニケーション能力重視の風潮と、グローバルに活躍するプロアスリートの「ビッグマウス」を礼賛する現在の状況とは無関係ではないはずだ。求められる「日本人らしさ」は時代とともに変わっていくが、変わらないのはメディアを通して表象される「日本人らしさ」を無批判に賞賛する〈スペクテーター＝観客〉の姿だといえないだろうか。

5.「よそ者」としてのプロアスリート

　国家が、さまざまな言説によって生み出された「想像の共同体」（第13章 p. 161 参照）であるように、「日本人」というのは、私たちのコミュニケーションによってつくり出されたものではないか。日本に帰化した選手や、海外から来日した「助っ人」選手の「日本人らしさ」を強調する声が、本来は漠としたイメージだったであろう「日本人」の姿を、確固としたものとして浮かびあがらせたといえる。そしてその「日本人像」の輪郭をはっきりさせるために利用されてきたのが、たとえばプロレスの対戦相手であった「外国人」の存在だったのではないだろうか。

　では、〈日本人らしい／らしくない〉といった基準をいったん脇におき、本章に登場したようなプロアスリートがどういう存在であったのかをもう一度振り返ってみると、異なる様相がみえてくる。それは、「よそ者」としての彼女／彼らの存在である。ゲオルグ・ジンメル（1999）によると、「よそ者」とは共同体の一員ではあるものの、そこで生まれ育ったわけではなく、それゆえに他者性を保持し、私たちには思いもつかないような視点や新たな気づきを与えてくれる者である。

　たとえば野村克也は、日本プロ野球界を代表する知将の一人だ。野村の代名詞「シンキング・ベースボール（考える野球）」は、（米国の野球のように）選手個人のパワーやスピードに頼らず、データを重視した緻

密な戦略を駆使し「弱いものが強いものに勝つ」野球として「日本的」や「日本人向き」とみなされることが多い。しかし、野村の「考える野球」が、元メジャーリーガーの「助っ人」ドン・ブラッシンゲーム（愛称ブレイザー）の存在なしでは考えられなかったのも事実なのだ。「すごいもんやなあ。アメリカ人はそこまで考えて野球をやっとるのか」（野村, 2017, p. 95）。現役時代、南海ホークスのチームメイトだったブレイザーと毎晩のように食事に出かけ「『本場アメリカのベースボールとはどのようなものか』という話を聞くこと」（野村, 2017, p. 95）が、従来の「精神主義・根性主義」的な日本の野球から一線を画した、緻密な「考える野球」にのちにつながったことは、野村自身も認めている。

　「よそ者」としての彼女／彼らの存在を受け入れるかどうかは、私たち次第である。「よそ者」を「日本人」に同化させようとする力に加担するのか、むしろ「異質性」を認め、自分たちの思い込みを考えなおすきっかけとするのかが問われているのだ。たとえば、「日本人らしい」と思っているプレースタイルや戦略は、私たちがつくり出したイメージの産物なのかもしれない。スペクテーター・スポーツを異文化論の観点から眺める意義が、ここにあるはずだ。

（青沼　智・池田理知子）

It's your turn.　ディスカッションのために

1. 「日本人向き」と称されるスポーツをあげ、それらがなぜそういわれるのか話しあってみよう。
2. 新しい文化圏に入ったとき、「郷に入れば郷に従え」のルールだけではやっていけない場合があるが、そうした具体例をあげてみよう。
3. 「よそ者」がもつ可能性について、具体的な例をあげて考えてみよう。

第 III 部　発展編

> **Let's try.　さらに考えるために**
>
> 1970 年代の米中「ピンポン外交」に代表されるように、スポーツは世界共通の言語として、国境・文化・政治体制の壁を越えることができるといわれてきた。その一方で、スポーツは政治の道具として、国家権力の示威・誇示に使われてきた歴史もある。たとえば、ナチス・ドイツにとって、1936 年のベルリン・オリンピックはアーリア民族の優秀さを全世界にみせつける絶好のプロパガンダの手段であった。すなわち、ベルリン五輪の主役は、卓越したパフォーマンスをみせるアスリートではかならずしもなかったのだ。スポーツと政治の問題を考える手がかりを与えてくれるのが、阿部潔の『スポーツの魅惑とメディアの誘惑—身体／国家のカルチュラル・スタディーズ』(2008) である。まずはこの本を読んでみよう。

参考文献

阿部　潔 (2008)『スポーツの魅惑とメディアの誘惑—身体／国家のカルチュラル・スタディーズ』世界思想社.

有元　健 (2018)「スポーツのメディア表象—映像を通した国民的同一化をめぐって」『メディア・レトリック論—文化・政治・コミュニケーション』青沼　智・池田理知子・平野順也編, ナカニシヤ出版, pp. 123-134.

池田理知子 (2006)「グローバル化と日本社会—問われる私たちのまなざし」『現代コミュニケーション学』有斐閣, pp. 241-259.

李　淳 (1998)『もう一人の力道山』小学館.

上杉正幸 (1995)「消費社会におけるスペクテイタースポーツ」『スポーツ社会学研究』3, 1-11.

奥村幸治 (2014)『イチローの哲学——流選手は何を考え、何をしてきたのか』PHP研究所.

佐藤充宏 (2011)「スタジアムのサッカー観戦者における視的経験の空間という視座—徳島のプロサッカー試合による賑わい創出に向けて」『人間科学研究（徳島大学総合科学部）』19, 101-120.

ジンメル, G. (1999)「よそ者についての補論」『ジンメル・コレクション』北川東子編訳, ちくま書房, pp. 247-260.

野村克也（2017）『侍ジャパンを世界一にする！戦略思考』竹書房.
原田宗彦（1997）「スポーツファンの消費行動―人はなぜスポーツ消費に熱中するのか」『スポーツファンの社会学』杉本厚夫編, 世界思想社, pp. 150-190.
バルト, R.（1967）『神話作用』篠沢秀夫訳, 現代思潮新社.
村松友視（1980）『私、プロレスの味方です―金曜午後8時の論理』情報センター出版局.
村松友視（1982）『7人のトーゴー』文藝春秋.
森 達也（2005）『悪役レスラーは笑う―「卑劣なジャップ」グレート東郷』岩波書店.

周縁の小さな町にも「不安」の芽は育つ（南ドイツにて 2018 年 8 月筆者撮影）

　「多文化主義（ムルティクルティ Multikulti）は完全に失敗した」とドイツのメルケル首相が発言したのは 2010 年のことだが、多文化主義への反発はドイツだけでなく、ヨーロッパ全土で勢いを増している。その原因の一つが、近年の移民・難民問題である。2015 年にドイツは、人道的支援の名のもとに約 100 万人もの難民を受け入れた。しかし市民の間には、難民によって繰り返される事件・テロへの不安や、多額の難民援助費用への不満がつのり、その矛先は難民だけではなく、ドイツに住む外国人移民や、移民の背景をもつドイツ人にも向けられるようになりつつある。移民・難民の受け入れに関する意見の対立は、南ドイツの小さな町の路地裏の落書きになるほど日常的なものだ。上の写真では「Refugees Welcome 難民を歓迎します」というステンシルの落書きが黒のスプレーで塗りつぶされ、「NOT しません」と上書きされているのがわかる。移民・難民問題は日本とは関係がないように思えるが、実は日本も多くの外国人労働者を受け入れる「移民国」であり、近い将来ドイツと同様の問題に直面する可能性が低くはないのだ。

キーワード

多文化主義、多文化共生、並行社会、人種主義

第11章

移民・難民問題から考える多文化社会
在ドイツ日本人移民のまなざし

1. 多様化する社会と多文化主義

　グローバル化により、国境を越えて移動する人びとの数は増え続けている。2005年以降、移民の数は1990年代の倍以上の勢いで伸びており、2017年に母国以外で生活している移民の数は約2億5800万人にものぼる[1]。国連のデータによると、ヨーロッパ圏外から圏内への移動より多いのは、アジア圏内での移動である。2016年における日本の外国人移住者受入数は、OECD加盟国のうちドイツ、米国、英国に次ぐ第4位[2]であった（次ページの図-1）。労働力不足への対策として外国人労働者を積極的に受け入れようという日本政府の方針もあり、今後この数は増え続けていくと考えられる。

　越境する人びとの増加にともない多様化が進む社会が直面しているのが、「多文化共生」[3]の問題である。多文化共生とは、民族、人種、言語などの異なる文化集団が、一つの社会のなかで平和的に共存することを意味しており、その実現を目指すイデオロギーや政策を「多文化主義」とよぶ（関根, 2000）。多文化主義は、異なる文化集団がそれぞれの文化、言語、アイデンティティを保持し、お互いの文化的差異を尊重したうえで、平等な権利や義務をもつ社会の構成員として多様性のある社会を維

---

[1] United Nations Department of Economic and Social Affairsが発表したデータ（International migration report）による。http://www.un.org/en/development/desa/population/migration/publications/migrationreport/docs/MigrationReport2017.pdf（最終アクセス日：2019年1月22日）
[2] OECD. (2018). Inflows of foreign population. https://www.oecd.org/els/mig/keystat.htm（最終アクセス日：2019年1月22日）
[3] 日本では、1970年代以降、おもに在日コリアンやアイヌとの共存という文脈で「共生」という言葉が語られてきたが、1995年の阪神・淡路大震災における外国人被災者の支援活動をきっかけに、多文化共生という言葉が浸透したといわれる（竹沢, 2011）。

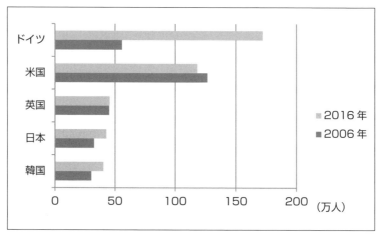

図-1 1年間の外国人移民流入者数の推移 （OECD加盟国のうち上位5か国）[2]

持していくことを理想とする（関根, 2000）。その点で、マイノリティ集団がマジョリティ集団にあわせるべきだという同化・統合政策とは異なるのである。カナダやオーストラリアでは1970年代から国家政策として多文化主義が取り入れられ、その後イギリスやオランダ、スウェーデンなどのヨーロッパ各国でも導入された。またアメリカのように、国家政策ではなく教育を通して多文化主義が浸透した国もある。

多様化する社会を安定させるアプローチとして西欧諸国を中心に受け入れられていた多文化主義だが、2000年以降批判が強まりつつある（Vertovec & Wessendorf, 2010）。ヨーロッパ各国では反多文化主義を主張する政党の支持者が増加し[4]、外国人排斥のデモが増え、人種差別的、ナショナリズム的な言説が各地で勢いを増している。こういった状況は「多文化主義のバックラッシュ」とよばれているが（Vertovec & Wessendorf, 2010）、この動きが近年活発化しているのがドイツである。本章では、2015年以降移民・難民問題に揺れているドイツ社会における「異」との共生と排除の議論に焦点をあて、ドイツ在住の日本人移民の語りを通して、多文化社会が抱える問題について考える。

4）たとえば、ドイツの「ドイツのための選択肢（AfD）」やスウェーデンの「スウェーデン民主党」、フランスの「国民連合（以前の国民戦線）」、オランダの「自由党」など。

2. ドイツにおける多文化主義と「並行社会」

　ドイツは、多文化主義を国家政策として掲げてはいないが、人口の約23.3％が移民の背景をもつ多文化社会である[5]。第二次世界大戦以降、多くの難民を引き受け、短期労働者である「ガストアルバイター」としてトルコ人やイタリア人移民に広く門戸を開いてきた歴史があり、2000年以降はEU圏外からの高度人材の受け入れにも積極的だ（久保山・毛受・李, 2017）。統計的にみても歴史的にみても、ドイツは「移民国」に違いないのだが、2001年までドイツ政府は「移民国」であることを認めてこなかった[6]（Gräwe, 1993；渡邉・ギルデンハルト, 2013）。これは、ドイツが〈国家＝民族（Volk）〉という考え方をもっていること、すなわち、ドイツとはドイツ民族の国であるという意識[7]が根づいていることと深く関係している（石川, 2011）。そのため、トルコ人のように何世代にもわたってドイツに住み、ドイツ国籍を取得していたとしても、彼女／彼らはあくまでも「外国人」であり、ドイツ国民だとはみなされていないのだ。

　冒頭で触れたメルケル首相の発言にある「ムルティクルティ（多文化主義）」という言葉は、グローバル化のスローガンのようなかたちでドイツに浸透してはいたが[8]、移民国と自認していないドイツにとって、

---

[5] Statistisches Bundesamt（Destatis）.（2018）. Current population. https://www.destatis.de/EN/FactsFigures/SocietyState/Population/CurrentPopulation/CurrentPopulation.html;jsessionid=84334C41DFE5AA49EF15955DCBB1935F.InternetLive1 （最終アクセス日：2019年2月14日）

[6] 2001年に連邦政府が「移民国」であるという自認のもと、政府内務省に移民委員会を設置し、2005年1月に移民法が施行された。Gräßler, B.（2005, January 1st）. First German immigration law takes effect. Deutsche Welle を参照。https://www.dw.com/en/first-german-immigration-law-takes-effect/a-1442681（最終アクセス日：2019年1月22日）

[7] ドイツの国籍法は血統主義にもとづいていたが、2000年以降は条件つきで出生による国籍を認めるようになっている（岡本, 2008）。

[8] この単語を多くの英語メディアが multiculturalism（多文化主義）と訳したが、厳密には理想化され、極端に楽観的な多文化主義を揶揄する言葉である（渡邉・ギルデンハルト, 2013）。

ムルティクルティとはドイツ人の多様性を認めるものというよりは、「外国人」がもち込む文化を表面的に許容しただけのものにすぎなかったといえる。「移民国」であることを認めたドイツは、これまで国内にありながらもドイツ国家という「想像の共同体」(Anderson, 1983)（第13章 p. 161 参照）の外側に位置づけていた「異」を、内にある「多様性」として扱わなければならなくなった。

ドイツ政府が理想とする多文化社会とは、外国人移民が言語的、文化的、社会的にもドイツに統合された社会だが[9]、それを阻害すると批判されているのが「並行社会（Parallelgeselschaft）」の存在である。「並行社会」とは、外国人が特定の地区にコミュニティをつくって住み、現地の市民とほとんど接触せずに自らの言語や文化を維持した状態で生活をしている状況を指す（石川, 2011；昔農, 2014）。ドイツではさまざまな民族集団が「並行社会」を形成しているが、おもに問題視されているのは、トルコ人をはじめとするイスラム系移民の「並行社会」である。「並行社会」の存在は、ムルティクルティにおいては国家の外側にある多様性として、ある程度許容されていた。しかし社会統合の議論においては、多文化主義的思考によって「並行社会」が形成されたと批判され、ドイツ人マジョリティに共有された伝統的価値観や道徳観を反映する「主導文化（Leitkultur）」への統合を拒否する「異」として、排除の対象となった（石川, 2011）。2015年に受け入れた難民の多くがイスラム教徒であったことも、「並行社会」拡大を懸念する声が大きくなった要因であり、反多文化主義的動きが活発化した原因だろう。

3. 在ドイツ日本人移民の「異」へのまなざし

「並行社会」を形成しているのはイスラム系移民だけではない。他国からの移民に比べると日本人の数は少ないが[10]、彼女／彼らもコミュニティを形成してドイツで生活する移民の集団である。ドイツの移民・難

---

9) 2016年に施行された統合法は、外国人移民・難民にドイツ語とドイツ社会の制度や歴史、文化を学ぶ「統合コース」の受講を義務づけている。

民問題について、そこに住む日本人移民の声が取りあげられることはあまりないが、日本人移民も「異」の当事者としてドイツ社会をみつめている[11]。彼女／彼らの語りからみえてくるドイツが抱える多文化社会の問題点には、どのようなものがあるだろうか。

● 「並行社会」の二面性

「並行社会」が安定した多文化社会の障害になるという意見は、日本人移民も共通してもっている。ドイツに住む外国人がドイツ語を学ばないこと、ドイツの社会的・文化的規範に従わないことはよくないとし、とくにイスラム系移民が形成する「並行社会」は排除すべき「異」と捉えているような発言が多くあった。「並行社会」が存在するせいでイスラム教徒の女性がドイツ社会から隔離されていることや、「並行社会」がある地域の治安悪化への懸念などもあげられた。ドイツの移民・難民問題の議論が激しくなればなるほど、自分も「移民」であり「よそ者」であることを意識して肩身がせまくなるという日本人移民もいる一方で、中東やアフリカからのイスラム系移民・難民はヨーロッパ系移民やアジア系移民とは異なり、ドイツ社会になじもうとしないので、積極的に受け入れるべきではないと考える日本人移民もいた。

このように、日本人移民の「並行社会」へのまなざしには批判的なものもあるが、「並行社会」そのものは、ドイツに暮らす外国人にとってかならずしも悪いものではないことも明らかになった。たとえばドイツ

---

10) 2018年の連邦統計局のデータによると、ドイツ国内の外国人約1000万人のうち約20％がアジア人だが、そのうち半数はシリア、アフガニスタン、イラク国籍である。Statistisches Bundesamt (Destatis). (2018). Foreign population by sex and selected citizenships. https://www.destatis.de/EN/FactsFigures/SocietyState/Population/MigrationIntegration/Tables_ForeignPopulation/Gender.html (最終アクセス日：2019年2月15日)
11) 2017年にドイツに永住を目的として5年以上滞在している日本人移民13名（女性12名、男性1名）にインタビューを行った。彼らの在独年数、住んでいる街の規模、外国人コミュニティの有無、個人や地域の政治的・宗教的傾向などはさまざまである。したがって、彼女／彼らの声を「在ドイツ日本人移民の声」として一般化することはできない。

のデュッセルドルフという街には、ヨーロッパでは珍しい日本人街があるのだが、ここではドイツ語ができなくても日本と似たような暮らしができるという。また、インターネットの高速化や大都市を起点とした日本人向けのサービスが増えたことで、以前より住みやすくなったという意見も多かった。さらに、さまざまな国からの移民が独自の「並行社会」を形成しているため、日本人である自分たちが外国人として目立ったり、引け目を感じたりせずに生活できるという意見もみられた。

　また、日本人移民の「並行社会」に関する語りからは、「並行社会」とは自ら積極的にかかわりをもとうとしないドイツ人の姿が浮かびあがる。近所であっても「並行社会」がある地区には一度も足を踏み入れたことのないドイツ人が多いことや、外国人が集まるイベントには参加しないドイツ人がほとんどであることも耳にした。「並行社会」をドイツ社会に存続させているのは、かならずしも「並行社会」の内部の人間だけとはいえないだろう。

　「並行社会」があるからこそ生きやすいという移民側の視点は、ドイツにおける「主導文化」と「並行社会」を対比して議論する際に欠けているものだ。そもそも「並行社会」をつくらざるをえない状況にしたのは、外国人移民を社会の内部に位置づけなかった政府の責任だともいえる[12]。「並行社会」の問題を外国人側だけに押しつけるのは不公平であろう。

● **人種なき人種主義**

　多文化社会において、人種主義にもとづく差別が問題になるのは明らかである。日本人移民の語りからさらにわかったのも、ドイツにはドイツ民族を頂点に、ヨーロッパ系移民、アジア系移民、中東・アフリカからのイスラム系移民と続く「人種の階層」があることであった。ここで問題となるのが、その人種の階層そのものというよりも、「人種主義が

---

12) イスラム系移民を「外国人」として扱ってきたためにコミュニティのインフラ整備がおろそかになり、彼女／彼らは自分たちのコミュニティ内で代替インフラを形成しなければならず、結果的に閉鎖的なコミュニティが形成されたともいえる（石川, 2011）。

みえなくなっている」状況である。ナチスによるユダヤ人迫害の歴史があるドイツでは、人種主義はもちろん、人種という概念すらタブーのようなところがあり、現在のドイツには人種差別はないと思っている人は少なくない。

　今回話を聞いた日本人移民たちも「ドイツでは人種差別をされることはない」と口をそろえて言うのだが、体験談を通してみえてきたのは、ドイツにおいて彼女／彼らの身体が「人種化」されていることであった。たとえば見た目がアジア人であるために、ドイツでは暮らしづらいと語るインタビュー参加者は少なくない。アジア人の身体は、からかいの対象であったり、見くだされていると感じる原因となったり、日常的な場でドイツ人との扱いの差を感じる要因であったりする。なかには、自分の子どもがアジア人であるために、進学や就職など社会生活のなかで困ることがあるのではと心配する親もいた。

　また、彼女／彼らの移民・難民問題についての語りのなかにも「人種の階層」は現れており、「アジア系移民やヨーロッパ系移民」と、「トルコやシリアをはじめとする中東からのイスラム系移民・難民」とは区別して語られることが多い。アジア系移民やヨーロッパ系移民は、ドイツに適応している「望ましい移民」とみなす一方で、イスラム系移民・難民はドイツ文化になじまない「望ましくない移民」とするものだ。なかには、「日本人移民である自分は語学や納税といった義務を果たしているのだから、（批判の対象となっている）イスラム系移民・難民とは一緒にはされたくない」とはっきり言うインタビュー参加者もいた。

　このような状況は、「人種なき人種主義」ともいえる。現代のドイツでは、あからさまな「人種主義」を回避するために、「人種」とは別の語りによって線引きをすることで、「隠れた人種主義」がいまなお維持されているのである。たとえば、近年強化されている「統合政策」の基礎となっている「主導文化」は、ドイツ語と、伝統的ドイツの価値観という二つの視点から「異」の境界線を引く。またグローバル化の論理は、社会に貢献する知識や技術をもつかどうかで線引きを行う。そして反イスラムの論理は、テロの危険性や倫理観から排除の対象を定義している。

これらの線引きにより、ドイツ社会に蔓延する「人種主義が原因であるかもしれない問題」がみえなくなってしまう。多文化共生の障壁となるものが、ドイツ語を学ばない外国人、つまりドイツの「主導文化」を受け入れない外国人や、ドイツ社会に知識や技術で貢献しない外国人、非倫理的な教義を信じる外国人といった「外国人側の問題」としてすり替えられてしまう可能性があるのだ。

4. 多文化社会のこれから

　日本人移民の語りが示唆しているのは、マジョリティ側も安定した多文化社会を維持する責任を負わなければならない、ということだ。多文化主義は機能しないという主張は増えているが（Vertovec & Wessendorf, 2010）、社会の多様化が進んでいる以上、地域やコミュニティ、教育機関レベルでの多文化主義的な取り組みは必要だろう。ドイツにおいても、外国人移民に対する「統合」教育だけでなく、ドイツ人を対象とした「異文化教育」、とくにドイツにおけるイスラム教徒に対する人種差別的なメディア表象やステレオタイプについて、理解を促すリテラシー教育が必要だと主張する研究者もいる（Funk, 2016；伊藤, 2017）。

　また、多文化社会の実現には、文化的背景が異なる他者との日常的なかかわりが重要であることも、日本人移民の語りからみえてくる。彼女／彼らの発言にイスラム系移民・難民への偏見がないわけではなかったが、語学学校でイスラム系難民の生徒と机を並べた経験や、子どもの幼稚園や学校を通して知りあったイスラム教徒の母親との交流体験から、インタビュー参加者の多くが「自分が知っているイスラム教徒は、ドイツで批判されているような人びととではない」と口にした。これは、イスラム教徒を集団としてではなく個人として認識することが可能となった結果であろう。「並行社会」が問題だというのであれば、移民・難民に対してだけでなくドイツ人に対しても、文化的背景が異なる他者との交流を促すような教育や仕組みを用意することが必要だといえる[13]。

5. ドイツの例から学べること

　ここまでドイツを例に「多文化社会」の問題点を述べてきたが、これからさらに多様化が進む日本社会においても、同様の問題は起こりうるだろう。事実、ドイツと日本には共通点が多い。まず、日本もかつてのドイツと同様に、事実上の移民国でありながらそれを認めず、正式な移民政策をとらずにいる国である。日本が留学生を実質的な労働力としてあてにしたり、外国人技能実習生を期間限定の安価な労働力として利用したりしている現状は、かつてドイツが、短期労働者として受け入れたトルコ人移民を社会の一員として認めず、トルコ人コミュニティが「並行社会」化したことと重なる。

　また、ドイツの〈国=民族〉という考え方に似た「単一民族国家」という言説が、日本にはある。この言説は、日本にすでに定住している他民族集団の存在や共生の問題を不可視化し、それによって多文化社会の形成を阻んできた。ドイツの「人種なき人種主義」の問題についてはすでに述べたが、日本の「単一民族」言説も「人種なき人種主義」のあらわれだといえる（河合, 2014）。このように外国人移民を社会の構成員ではなく「ゲスト」として扱い続ければ、外国人移民による「並行社会」の拡大は避けられないだろう。そしてその「並行社会」が、日本文化に適応しない「異」として、排除の対象になっていくことが考えられる。日本を多文化社会として再定義するためには、この「単一民族国家」という神話をみなおす必要があるだろう。

　2019年現在の日本では、まだヨーロッパほど「多文化主義のバックラッシュ」の勢いは強くない。しかし、それも時間の問題かもしれない。今後外国人移民の受け入れが進むにつれて、日本でもこれから「異」の受容と排除について、さまざまな議論がなされていくだろう。そのなかで、多文化主義や多文化共生について十分考慮されないまま、問題が複雑化

13）伊藤亜希子（2017）は、ドイツの保育所での異文化教育プログラムについてフィールドワークを行っている。このプログラムは、移民の母親とドイツ人の母親との交流なども含んでいる。

していく可能性もある。そうなる前にわたしたちは、これからの日本の「多文化社会」のあり方を考えていかなければならないのだ。

(鳥越千絵)

It's your turn.　ディスカッションのために

1. ドイツの統合政策は「郷に入れば郷に従え」というアプローチをとっているといえるが、日本にやってくる外国人に対してこのアプローチをとることは有効だろうか。
2. もし自分が海外に移住し、日本人が形成する「並行社会」に属するとしたら、どのような利点や問題点があると感じるだろうか。
3. 外国人労働者や移民を社会の一構成員として受け入れるために、自分の住んでいる地域やコミュニティでどのような取り組みが行われているのかを調べ、ほかにはどのような取り組みが可能か意見を出しあってみよう。

Let's try.　さらに考えるために

さまざまな民族が共存する多文化社会では、「どの程度多様性を受け入れるか」が課題であり、多文化主義もその度合いによって様式が異なる。たとえば、他文化の食事や衣服、音楽などの表面的な部分を消費するにとどまる場合は、「シンボリック多文化主義」とよばれる。一方、プライベートでは民族ごとの言語使用や独自の慣習に従うことを認めるが、公共の場では公用語使用や多数派の慣習に従わせるという方針は、「リベラル多文化主義」とよばれる。カナダやオーストラリアのように、公用語の多言語化や多文化教育などを通して、政府が積極的に多文化コミュニティを援助するような政策は、「コーポレイト多文化主義」とよばれる。関根政美の『多文化主義の到来』(2000)では、こういったさまざまな多文化主義の考え方や政策、問題点が論じられている。多様化が進む日本社会にとって、有効な多文化主義のかたちとはどのようなものなのか。その問題について考えるきっかけを与えてくれるだろう。

参考文献

石川真作（2011）「『並行社会』と『主導文化』―移民国化するドイツの社会的統合」『移民研究と多文化共生』日本移民学会編, 御茶の水書房, pp. 57-77.

伊藤亜希子（2017）『移民とドイツ社会をつなぐ教育支援―異文化間教育の視点から』九州大学出版会.

岡本奈穂子（2008）『多文化社会を考える―ドイツの変容と日本の未来』かわさき市民アカデミー出版部.

河合優子（2014）「日本における人種・民族概念と『日本人』『混血』『ハーフ』」『〈ハーフ〉とは誰か―人種混淆・メディア表象・交渉実践』岩渕功一編著, 青弓社, pp. 28-54.

久保山 亮・毛受敏浩・李 惠珍（2017）「ドイツの移民・難民政策の新たな挑戦―2016 ドイツ現地調査報告」日本国際交流センター（JCIE）http://www.jcie.or.jp/japan/pub/publst/1465.htm（最終アクセス日：2019 年 1 月 19 日）

Gräwe, G.（1993）「『多文化主義』の理論、実践およびその限界について」『立命館言語文化研究』5(2), 31-48.

関根政美（2000）『多文化主義社会の到来』朝日新聞社.

昔農英明（2014）『「移民国家ドイツ」の難民庇護政策』慶應義塾大学出版会.

竹沢泰子（2011）「移民研究から多文化共生を考える」『移民研究と多文化共生』日本移民学会編, 御茶の水書房, pp. 1-17.

渡邉紗代・ギルデンハルト, B.（2013）「『ムルティクルティ』―ドイツにおける多文化主義の諸相」『言語文化』15(4), 391-419.

Anderson, B. (1983). *Imagined communities: Reflections on the origin and spread of nationalism*. London, Verso.

Funk, N. (2016). A spectre in Germany: Refugees, a 'welcome culture' and an 'integration politics.' *Journal of Global Ethics, 12*(3), 289-299.

Vertovec, S., & Wessendorf, S. (Eds.). (2010). *The multiculturalism backlash: European discourses, policies and practices*. London, Routledge.

国会で間違いのないように答弁書を読むだけなら、それは…
(明治14年に発行された雑誌『團團珍聞』の風刺画)

　明治期以前より「演説」という言葉は存在したが、多くの人の前で自らの意見を述べる speech の訳語としてそれを使いはじめたのは、福沢諭吉だといわれている。当時は「演説」の「説」の代わりに「舌」という漢字をあてる表記もあったようだ。上の風刺画に描かれているのは、べろりと舌を出し、それを単に動かすだけの「演舌人形」である。頭を使わず単にしゃべるだけでは演説とはいえない、それなら人形と変わらないということだろうか。まもなくして「演説」という表現が定着したが、現在にいたるまで「スピーチ」というカタカナ言葉も使用されてきた。最近では「プレゼンテーション」やそれを略した「プレゼン」という言葉も一般的に使われるようになり、人前で話す行為を指す言葉が多様化している。こうした状況は単なる言葉の問題ではなく、日本の社会や文化の重要な側面を浮き彫りにしているように思われる。

―― キーワード ――

パブリック・スピーキング、非政治化、レトリック、象徴暴力

第12章

異文化としての「スピーチ」
公の場で文化・政治を語ること

1.「プレゼン」と「スピーチ」を分けるもの

　ビジネスの現場で使用されていた「プレゼン」という言葉が、近年、教育の文脈でもさかんに用いられるようになった。「日本は自己主張よりも、集団の秩序や周囲との和を重んじる文化である」とよくいわれてきたが、そうした国民性や文化規範は国際化・グローバル化が進む時代にはもはや通用せず、これからの日本人は人前で堂々と発言できるようにならなくてはいけない、ということのようだ（第10章参照）。たとえば、英語・外国語に関する高等学校学習指導要領（2008年改定版）には、独立した項目としてプレゼンについての指導内容が盛り込まれている。また英語以外の科目でも、小学校から大学まで能動型学習（アクティブ・ラーニング）の一環としてプレゼンを取り入れた授業が、いまやあたりまえとなっている。

　一方で、2011年の「3・11」以降、「脱原発」「安保法制反対」「特定秘密保護法反対」などを街頭で叫ぶ、草の根の政治運動が全国的に広がっていった。とくに注目を浴びたのが、従来の組織動員に頼らないネットワーク型の社会運動である。その中心にいたのが、これまでことあるごとにその政治的無関心さを批判されてきた若者たちであった。TwitterやFacebookなどさまざまなソーシャルメディアを駆使して多くの人たちとつながり、アートと政治のコラボレーションで注目を集めた彼女／彼らの運動スタイルのなかでも、とくに目を引いたのが「スピーチ」であった。たとえば、大学生が中心となり立ちあげたSEALDs（Students Emergency Action for Liberal Democracy-s 自由と民主主義のための学生緊急行動）のメンバーが、スマホを片手に渋谷のハチ公前広場や国会議事堂前に集う大勢の人びとの前に立ち、自らの日常生活に結びつけ

ながら安保関連法案の廃案を一人称で訴える姿は、それまでの学生運動における「檄文（大げさな仰々しい文章）朗読」調の演説とは明らかに一線を画していた。

　言葉による人前でのパフォーマンス、つまりパブリック・スピーキング（public speaking）であるという点では、プレゼンもスピーチも同様である。この二つの間に大きな違いはないはずなのだが、学校や社会人セミナーで扱われるプレゼン教育のなかで、ハチ公前や国会前におけるスピーチの事例が取りあげられることはきわめてまれである。これはいったいどういうことなのだろうか。さらには、街頭に立ち、言葉に思いの丈を込めてスピーチする若者に対し、「日本では流行らない」「日本的でない」「よい企業に就職できない」などといった批判まで出てくる始末である。国際化・グローバル化が進む新しい時代が求めるのは、人前で堂々と発言できる「グローバル人材」ではなかったのだろうか。本章では、このようにプレゼンとスピーチを分けようとする「非政治化（depoliticization）」のしくみについて、異文化コミュニケーションの見地からみていきたい。

2. 演説の死とスピーチの非政治化

　明治時代初期、国会開設をその旗印の一つに掲げる自由民権運動では、全国各地で開催された演説会にて、板垣退助らをはじめとする民権家が薩長藩閥政府に対する激しい政治批判を繰り広げ、それに民衆は熱狂した。その後、大正デモクラシーの高まりのなか、政治的主張の手段としての演説が学生の間でも脚光を浴びるようになった。とくに雄弁会や弁論部に所属する学生は、演説を武器として政治活動に積極的にかかわり、大正中期に盛りあがる学生運動でも主導的な役割を果たした（井上, 2001）。大正期から昭和初期にかけては、当時新しいメディアであったレコードに自らの演説を吹き込み（次ページの図-1）、選挙などの政治活動に利用する政治家もいた。「戦前からの政治家には、演説がうまかったこと、金はなかったが演説の力で当選したことを誇らしげに語る人が

多い」（有馬, 1999, p. 26）のもうなずける。

しかしその影響力の大きさゆえ、演説は早くから政府による規制の対象となった。民衆が熱狂する姿に脅威を感じた明治政府は集会条例を制定し、演説会の開催を警察署に事前に届け出ることを義務づけた。さらに集会条例は教員・生徒の演説会への参加を禁じ、文部省通達により学校で演説会を開くことも困難となっ

図-1 1915年に録音された大隈重信の演説レコード
（金沢蓄音器館提供）

た。明治初期より、学校を非政治的空間にとどめ、教員・生徒による政治的な主張を抑止する力が働いていたのだ（新藤, 2016, pp. 110-112）。当然、演説は学校教育の正規カリキュラムにはならず、一部の学生による自主的な活動にとどまっていた。やがてその過激な主張、大げさなジェスチャーや誇張表現、低俗で激しい野次といった言動により、一般学生からも敬遠されるようになっていった。

戦後の日本では教育の民主化が進められ、その一環として民主主義時代にふさわしい言語教育も推進された。たとえば、国語科教育には「話し合い学習」（山元, 2008, p. 12）が導入され、学校外でも各地で「話し方教室」が開かれるようになった（斎藤, 1962, p. 258）。しかしこれら一連の動きのなかでも、学校の正課活動において、演説が本格的に導入されることはなかった。国語の授業で行われたのは結局「内容なしの話し方指導」（興水, 1968, p. 118）であり、思考力や話の組み立て方を学ぶといった「内容教育」については、文学や作文といった読み書きを通じて学ぶべきという考えが主流となった。英語科教育でも同様に、演説が授業のなかで教えられることはほとんどなかった（三熊, 2003）。そもそも、戦後の日本では冷戦構造の激化により「教育は非政治的であるべき」という言説が主流を占めており（小玉, 2016）、そのような風潮のなかでは、国語や英語以外の教科においても演説活動が実施される余地は、ほとんどなかったであろう。

戦前から「スピーチ」というカタカナ言葉は使われていたが、教育

場面で一般的に用いられるようになるのは 1950 年代以降のことである。ただし、カタカナ言葉のスピーチと英語の speech とではニュアンスが異なる。米国のスピーチ教育では、スピーチの有用性を「学校」「ビジネス」「公的生活」の三つの場面にみいだし（Brigance, 1952；Hogan, et al., 2017）、個人の利益追及のみならず、公共の問題に積極的に関与する市民の育成を重視してきた。一方、日本においては政治的文脈で使われることの多い「演説」と比べて、「スピーチ」は、あらたまった場面における挨拶や短い話を指すことが多い。そこには他者を動かし、政治に影響を与え、社会を形成する力をもった説得行為、つまりレトリックとしてのスピーチ（岡部, 1978）という視点が欠けている。日本コミュニケーション学会元会長の石井敏も、自身が日本の大学でスピーチを教えはじめた 1970 年代を、「スピーチなんていうと、『なんだあんな人前で。結婚式のスピーチと同じじゃないか』こういう評価しか得られなかった時代」だったと振り返っている[1]。

　スピーチが小中高の授業のなかで本格的に教えられるのは、高等学校の英語科目に「オーラル・コミュニケーションＣ」が導入された 1994 年以降のことである。当時の学習指導要領は「自ら学ぶ意欲と社会の変化に主体的に対応できる能力の育成」（文部省, 1989, p. 5）を改訂ポイントの一つとしており、英語科教育においても、国際社会で生きるために必要な実践的コミュニケーション能力を伸ばすことが目標の一つとされた。つまり、社会変革ではなく、社会の変化にあわせて個人の技能を磨くことが、学習者には求められてきたわけである。

3. 文化を語る行為の政治性

　「日本は自己主張よりも、集団の秩序や周囲との和を重んじる文化である」「日本人は人前で話すのが嫌いな国民である」とは、日本文化や日本人のコミュニケーションについてよくいわれることである。もちろ

---

1) 2016 年 2 月 15 日に行った個別インタビューより。

んこれらはステレオタイプであり、スピーチやプレゼンを異文化コミュニケーションの文脈で考える際は、けっして現実を反映した客観的な事実ではない。自己主張を大切にするといわれる米国でも、大半の学生が人前で話すことを死に勝るとも劣らない恐怖と感じている（Dwyer & Davidson, 2012）。スピーチの得手不得手は何も国民性の問題ではないし、日本人がとくにスピーチ嫌いというわけでもないのだ。

また、「米国の大統領には演説力が求められるが、日本の政治家にとって演説は重要なスキルではない」などといわれることもある。ところが、言葉による説得が重視される「レトリック的大統領制（rhetorical presidency）」が米国で確立するのは 20 世紀に入ってからと、比較的最近である（Tulis, 1987）。それまで大統領による演説の大半は儀礼的なものであったし、19 世紀前半までは大統領選挙期間中、候補者は沈黙を保つことが美徳とさえいわれていたのである（Ellis & Dedrick, 1997, pp. 208-209）。であれば選挙戦の間、毎日朝から夕方まで街頭に立ち、多くの人びとに語りかけることが求められる日本の(議員)候補者のほうが、よほど演説力を必要とするのではないか。

日本の近代化のプロセスのなかで演説が担ってきた役割はいつの間にか忘れ去られ、「人前で話す行為」はたびたび非政治化されてきた。政府が進める安保法制やエネルギー政策について、街頭に立ち街ゆく人に自分の思いを語る市民に対する「日本の政治文化にはあわない」「イギリスのハイドパークじゃあるまいし」[2]などといった批判は、まさにこのような文脈で行われている。SEALDs のメンバーが振り返るように、公の場で政治的な主張をする若者――とりわけ女性――は、激しい中傷や罵倒のターゲットになりやすい[3]。そこには、若者が「政治や社会的な方

---

[2] イギリス・ロンドンのハイドパークに設けられた「スピーカーズ・コーナー」では、社会・政治問題についてだれでも自由に自分の意見を公に述べることができる。詳しくは公式サイト（http://www.speakerscorner.net）を参照。（最終アクセス日：2019 年 1 月 31 日）
[3] 「上野千鶴子（社会学者）×福田和香子、奥田愛基、牛田悦正（SEALDs）対話」（2016）『at プラス―思想と活動』http://www.ohtabooks.com/at-plus/entry/12674/（最終アクセス日：2018 年 11 月 21 日）

向に対して、自身の苦境をバネにして、社会変革を働きかける力をそぐ構造的な力が働いているのである（羽渕, 2008, p. x）。

　集会やデモに参加する人びとを誹謗中傷したりすることこそがある種の政治的行為であることを、私たちはいま一度認識すべきではないだろうか。そのような態度は、特定の個人への否定的感情や妬み・やっかみの表れであるだけではなく、少数派の意見を疎んじ、多数派の意見に従うことを強制する同調圧力の表れでもある。公の場における少数派の主張に対する否定的態度は、日本文化の伝統などではなく、スピーチの力に対する「恐れ」に根ざしたものなのではないだろうか。

　フランスの社会学者ピエール・ブルデュー（Pierre Bourdieu）は、本来あってはならないもの・ことが文化・伝統の名のもとに是認される現象を「象徴暴力」とよんだ。たとえば、「我が部の伝統」として行われる「体罰」は、その「伝統」を共有し、それを疑わない部員にとっては「ありがたい」ものなのだが、はたから見ると暴力以外の何ものでもない。象徴暴力を行使する者は、ある行為に対し「さまざまな意味を押しつけ，しかも自らの力の根底にある力関係をおおい隠すことで，それらの意味を正統であるとして押しつける」（ブルデュー・パスロン, 1991, p. 16）。日本文化の名のもと、忘れ去られ、無視され、そして非難される演説・スピーチは、ブルデューのいう象徴暴力の「被害者」であるという見方もできるだろう。

4.「政治の主人」になる意義

　人前に立ち、自分の考えや思いの丈を訴え、聞き手を説得することは、古今東西、多くの人が苦手とする活動である。それでも、「話しことばに上手になる、ということは、政治の主人になる、ということ」（波多野, 1973, p. 22）であると、心理学者の波多野完治はかつて述べた。「政治の主人になる」という問題提起は、現在でも変わらぬ重みをもっている。

　　政治の主人である国民というのは、民主主義ではあたりまえのことだ。こ

ういう目的の修行だから、それはやさしくないにきまっている。しかし、いくらむずかしくてもやらねばならぬ。やらなければ、だれかが主人となり、だれかが説得をするのである。しかもそのだれかは私利私欲に目がくらんだ人のばあいが多い。(p. 23)

　残念なことに、日本の「話しことば教育」は、私たちが「政治の主人になる」手助けをすることにほとんど関心を払ってこなかった。その代わりに重視されたのが、学習者を「優秀な生徒・学生」「有能なビジネスマン」として育てることであった。こうした傾向はより一層強まっている。現在のプレゼン教育については、テーマ選びから構成、発表までを包括的に指導の対象とするなど、積極的に評価できる点も多い。ただ本章が問題とするのは、「自己実現」や「目標達成」といった私的目的の教育と、「政治の主人になる」ために必要な教育とのギャップが、昨今のプレゼンの流行によりますます広がっていることである。

　いうまでもないが、プレゼン教育が育成を目指す人物像は、政府が掲げる以下の「グローバル人材」像と重なる部分が多い（第7章参照）。

> グローバル化が加速する中で、日本人としてのアイデンティティや日本の文化に対する深い理解を前提として、豊かな語学力・コミュニケーション能力、主体性・積極性、異文化理解の精神等を身に付けて様々な分野で活躍できるグローバル人材の育成が重要である[4]。

　このように、社会・経済のグローバル化が進むなか、これからの日本人は国際舞台で堂々と発言できるようにならなくてはいけない、というのがプレゼン教育の必要性を訴える際の常とう句なのだ。

　「日本人としてのアイデンティティ」「日本の文化に対する深い理解」といった、本来は多様かつ流動的であるはずのナショナル・アイデンティティを無理やり固定するがごとく発せられる言説は、日本の学校で学ぶ児童・生徒に対してプレゼン教育をほどこすに際し、大きな問題を

---

[4] 『教育振興基本計画　平成25年6月14日閣議決定』(2013) http://www.mext.go.jp/a_menu/keikaku/detail/__icsFiles/afieldfile/2013/06/14/1336379_02_1.pdf（最終アクセス日：2019年1月27日）

はらんでいる。そのおもな理由の一つに、グローバル化の進展にともない、日本の学校で学ぶ児童・生徒のなかに、海外にルーツをもつ者が急速に増えていることがあげられる。たとえば、言語的・文化的に多様な子どもたちが通う学校におけるプレゼン教育でも、「日本人としてのアイデンティティ」や「日本の文化に対する深い理解」を前提とするのだろうか。グローバル化が進む日本社会においては「政治の主人」は「日本人」に限られるわけではない。もちろん、「日本人」自身がますます多様化していることについても、私たちは認識する必要があるだろう。

5. 演説の復活とプレゼンの(再)政治化

　本章では、演説・スピーチの非政治化のしくみを論じることで、グローバル社会におけるプレゼンの(再)政治化の可能性を検討した。これまでの学校教育で、政治的主張をする能力が重視されたことはなかったが、プレゼン教育が人前で発表する力を身につけることを目指すのであれば、授業やビジネスの場面だけでなく、公の場で語る力を育成していくことも必要であろう。公の場で話す行為（パブリック・スピーキング）は、異質な他者と出あい、異なる意見や価値観に触れることで、自分の考えやアイデンティティが変わる可能性を常にもっている（第1章参照）。居心地のよい場所（comfort zones）から抜け出して話すことが求められるという点では、パブリック・スピーキングはまさに異文化コミュニケーションの実践なのだ。

　本章でみてきたように、公の場における少数派の主張は、しばしば激しい批判を受けたり、強い同調圧力にさらされたりする。その一方で、グローバル化が進展するなか、学校や企業だけでなく、日本全体が多文化社会へと向かっている（鈴木, 2016）。そうしたグローバル時代のプレゼン教育に求められているのは、学習者一人ひとりが自らの意見を表明し、多様な意見の交換が行われるような話しあいの機会を、数多く設けることだろう。プレゼン教育は、教室での発表と公的な場で語る行為をつなぐ橋渡しの役割を果たさなければならない。

（師岡淳也・青沼　智）

It's your turn.　ディスカッションのために

1. 辞書やプレゼンテーションのテキストで「演説」「スピーチ」「プレゼンテーション」がどのように説明されているかを調べ、その違いや共通点を話しあってみよう。
2. 「プレゼンテーションがうまくなる」あるいは「スピーチがうまくなる」とはどういうことだろうか。両者の違いや共通点を話しあってみよう。
3. 「人前で話すこと」や「自己主張をすること」が、日本人の国民性や日本文化の特徴とどのように結びつけて語られているか、話しあってみよう。

Let's try.　さらに考えるために

公の場で話す行為(パブリック・スピーキング)のあり方は、メディアとも密接に結びついている (小西, 2017)。佐藤卓己が著した『青年の主張―まなざしのメディア史』(2017) によれば、1950年代半ばから1980年代末まで開催されていた「NHK青年の主張全国コンクール全国大会（青年の主張）」は、ラジオ「放送」からテレビ「放映」に切り替わったことで、コンクール参加者の視覚的なイメージがより重視されるようになったという。ソーシャルメディアの普及は、公の場で発言する機会が限られていた「普通の人たち」が自らの意見を表明し、拡散することを容易にした（第5章参照）。さらには、辺野古への基地移設工事中止を求める請願書に署名をよびかけた芸能人のTwitterやInstagramへの投稿も、不特定多数の人たちに向けた訴えという意味ではパブリック・スピーキングと捉えることができる。これからも、メディア技術の革新・普及によるパブリック・スピーキングの変容に目を向ける必要があるだろう。

参考文献

有馬 学（1999）『「国際化」の中の帝国日本 1905〜1924』中央公論新社.

井上義和（2001）「文学青年と雄弁青年—『明治 40 年代』からの知識青年論再検討」『ソシオロジ』45(3), 85-101.

岡部朗一（1978）「現代のスピーチ批評理論」『スピーチ・クリティシズムの研究』川島彪秀・岡部朗一，青学出版, pp. 46-71.

與水 実（1968）『言語観の改造』明治図書出版.

小玉重夫（2016）『教育政治学を拓く—18 歳選挙権の時代を見すえて』勁草書房.

小西卓三（2017）「パブリック・スピーキングとメディア社会—『アメリカの大学生が学んでいる「伝え方」の教科書』を起点に」『メディア文化論［第 2 版］—想像力の現在』遠藤英樹・松本健太郎・江藤茂博編著, ナカニシヤ出版, pp. 117-132.

斎藤美津子（1962）『話しことばの科学』雪華社.

佐藤卓己（2017）『青年の主張—まなざしのメディア史』河出書房新社.

新藤雄介（2016）「明治民権期における声と活字—集会条例における政談演説／学術演説の区分を巡る政治性」『マス・コミュニケーション研究』88, 97-115.

鈴木江理子（2016）「多文化化する日本の現在(いま)」『国士舘人文学』48, 163-170.

波多野完治（1973）『現代レトリック』大日本図書.

羽渕一代編（2008）『どこか〈問題化〉される若者たち』恒星社厚生閣.

ブルデュー, P.・パセロン, J. C.（1991）『再生産』宮島 喬訳, 藤原書店.

三熊祥文（2003）『英語スピーキング学習論—E.S.S. スピーチ実践の歴史的考察』三修社.

文部省（1989）『高等学校学習指導要領解説 外国語編 英語編』教育出版.

山元悦子（2008）「国語科教育の視点から見たコミュニケーション教育—共創的コミュニケーション能力の育成を目指して」『BERD』11, 12-16. http://berd.benesse.jp/berd/center/open/berd/backnumber/b2007.html#berd11（最終アクセス日：2018 年 11 月 21 日）

Brigance, W. N. (1952). *Speech: Its techniques and disciplines in a free society.* New York: Appleton-Century-Crofts.

Dwyer, K. K., & Davidson, M. M. (2012). Is public speaking really more feared than death? *Communication Research Reports, 29*(2), 99-107.

Ellis, R. J., & Dedrick, M. (1997). The presidential candidate, then and now. *Perspectives on Political Science, 26*(4), 208-216.

Hogan, J. M., Andrews, P. H., Andrews, J. R., & Williams, G. (2017). *Public speaking and civic engagement* (4th ed.). Boston, MA: Pearson.

Tulis, J. K. (1987). *The rhetorical presidency*. Princeton, NJ: Princeton University Press.

人が標示するときに境界線は現れる──中朝国境の吉林省図們市図們江［朝鮮名：豆満江］
（2017年8月筆者撮影）

　私たちは「見た目」で人を判断しがちである。たとえば、街を歩いている人の「見た目」から「黒人だ」と思ったりする。しかし黒人といっても、フランスやスウェーデンなどのヨーロッパ諸国で生まれた人かもしれない。また、話されていることばからなんとなく「中国人だ」と思ったりすることもあるだろうが、中国語を話しているからといってかならずしもそうだとは限らない。内モンゴル自治区のモンゴル族かもしれないし、中華系マレーシア人かもしれない。そして私たちは、このような人たちを「外国人だ」と思ってしまう傾向があるが、「見た目」が黒人の日本人もいるし、中国語を話す日本人もいるのだ。この章では、人種、エスニシティ、国籍などの「みえる」境界線について考えるとともに、「みえない」境界線についてもあわせて考えていく。

キーワード

交差、トランスナショナリズム、ハイブリッド性、ディアスポラ

第13章

越境・架橋するプロセス
みえる／みえない境界線

1. みえる境界線

　「外国人とのコミュニケーション」という一般的な異文化コミュニケーション観にみられるのは、国籍、言語、顔立ちや肌の色などの「見た目」や、行動様式や服装などの「みえやすい」文化の違いを「異文化」とみなし、その「異文化」がかかわるコミュニケーションを異文化コミュニケーションとする考え方である。その考え方には、ネイション、エスニシティ、人種などにもとづく境界線で分けられた集団を、以前からずっと存在してきた「あたりまえ」のものだとする見方がかかわっている。これらはいずれも、ある基準によって境界線を引き、人間を分類するカテゴリーである。

　ネイションは、ベトナム人、フィリピン人のように、おもに国家の境界線にもとづいて人びとを分類する。ただし、国家をもたないがそれを求める、もしくは自治の度合いが高いエスニック集団がネイションとよばれることもあり、ネイションとエスニシティの区別はあいまいな部分もある[1]。

　エスニシティは、国境ではなく、文化を基準に人間の間に境界線を引く。中国東北部にある吉林省延辺朝鮮族自治州は、日本の植民地支配が強まる20世紀以降に増加した朝鮮半島からの移住者の子孫が、とくに多く暮らす地域である。店舗の看板や公共施設の表示などは朝鮮語と中国語の両方で書かれ（次ページの図-1）、朝鮮語で教育を行う民族学校や朝鮮料理店も数多く存在する。中国朝鮮族の人びとの国籍は中国であり、ナショナル集団としては中国人であるが、中国の人口の9割以上を占め

---

1) たとえば、アメリカのアリゾナ、ニューメキシコ、ユタの3州にまたがるネイティブ・アメリカンのナバホ族保留地はナバホ・ネイションとよばれる。

る漢族とは異なる文化を有するエスニック集団とされている。

　人種は、おもに肌の色や顔立ちなどの身体的特徴だけでなく、ある集団のメンバーを「血」がつながった、文化的特徴を代々受け継いできた大家族のようなものとみなすことで境界線を引くものだ（バリバール, 1997a, p. 181）。「黒人」「白人」「アジア人」といった人種カテゴリーで、街中で見かける人たちを認識することもあるだろう。

　ただし、「黒人」や「白人」が、アメリカの国勢調査では race（人種集団）とされているのに対し[2]、イギリスの国勢調査では ethnic group（エスニック集団）となっているように[3]、エスニシティと人種の区別もはっきりとなされているわけではない。そして、集団内部の生物的・文化的な純粋性を強調し、文化をあたかも生物的特徴のようにみなすこともある。たとえば韓国人と日本人のように同じ「アジア人」であっても、異なる人種のように扱われたりする。

図-1　延吉市にある延辺大学前の商店街の店の看板。朝鮮語と中国語が併記されている
（2017年8月筆者撮影）

　これらの境界線によって分けられた集団は、ずっとそのままのかたちで存在してきたわけではない。戦前日本が植民地化していた朝鮮半島や台湾などの人びとは「日本人」とされたが、連合国側とのサンフランシスコ講和条約発効後（1952年）、日本政府は国籍を選択する権利を与えないまま「外国人」とした。日系アメリカ人や日系ブラジル人は、移住により国境線を越えることで、ナショナル集団としてはアメリカ人、ブラジル人となった。同時にそのナショナル集団におけるマジョリティとは異なるエスニッ

---

2) U.S. Department of Commerce. "United States Census 2010" https://www.census.gov/2010census/pdf/2010_Questionnaire_Info.pdf（最終アクセス日：2018年9月6日）
3) UK Data Service. "Census Forms: 2011 Census" https://census.ukdataservice.ac.uk/use-data/censuses/forms（最終アクセス日：2018年9月6日）

ク・マイノリティ集団となった。このように境界線が変更されたり、境界線を自ら越えたりすることで、集団は変化してきたのだ。

2. 境界線が引かれるプロセス

　境界線を引いて人びとを分けるという行為は、どのようなプロセスなのだろうか。まず多様な「異」のなかから、ある特定の「異」を基準として境界線の内外の人びとの違いを強調する（差異化）と同時に、境界内部の人びとの間の違いをみえにくくする（同一化）。さらに、それによってつくられた集団が、以前からずっと存在していたかのような「あたりまえ」という感覚を生み出す（自然化）（バリバール, 1997b, pp. 100-101）。

　この差異化、同一化、自然化のプロセスは、集団アイデンティティをつくるプロセスと重なる。ネイションは「想像の共同体[4]」（アンダーソン, 1997）であるといわれているが、それはエスニシティについてもある程度あてはまる。「想像の共同体」は、境界線の内側の人びとが「われわれ」という意識をもち、見知らぬ人たちであっても、同じ共同体のメンバーとして親近感を抱くことで成立する。これは同時に、境界線の外側の見知らぬ人たちを「非われわれ」として区別することでもある。

　ネイションのイメージは、境界線の引き方で変化する。小熊英二（1995, 1998）によると、戦前、台湾や朝鮮半島、中国東北部などを支配し、日本語の強制などの同化政策を行った日本は、多民族帝国というイメージをつくっていた。しかし敗戦後はこれらの植民地を手放すことを迫られ、旧植民地の人びとを「外国人」と分類し、高度経済成長期になると「単一民族国家」というイメージ[5]が一般化していった。その背景には、高度経済成長によって日本国内における社会的、経済的格差が少なくな

---

[4] ネイションは昔から存在していたのではなく、近代になってつくり出された共同体である。共同体のメンバーが「国民」としてまとまるためには、新聞や書籍などの印刷メディアおよびその大量生産・消費を可能にする資本主義経済の発達、標準化された言語（「国語」）、それを教える公的教育が必要だとしている。

り、「われわれ日本人」という集団意識をもちやすくなったことがある。

このような共同体をつくるのに必要なのが、ナショナリズムと人種主義である。ナショナリズムも人種主義もイデオロギーであり、広く定義すれば、それは「支配的なものの考え方」である。それらには同化、他者化、自然化のプロセスがかかわるが、ナショナリズムは「われわれ」意識をつくること（同化）を、人種主義は他集団を自集団とは異なるものとして区別し、排除し、序列関係をつくること（他者化）を、より強調したプロセスであるといえる。ナショナリズムは、ネイションのイメージや境界、そのメンバーは誰でありどのような共同体なのかといったことに関するイデオロギーであり、前述の「単一民族国家」などがそれにあたる。

ナショナリズムは、境界内の人びとの連帯感を育む「救い」として作用することがあると同時に、ネイションのイメージからはずれる人びとを境界線の外に追いやる、つまり差別や排除につながる「病い」として機能することもある（姜, 2001, pp. 1-11）。アジアやアフリカにおける植民地の独立においては、「救い」のナショナリズムが大きな役割を果たしてきた。日本国内で大地震が発生した直後に、現地に知人がいなかったとしても、募金をしたりボランティアで現地に行きたいと思ったりする人も多いのではないだろうか。

その一方でナショナリズムは、エスニック・マイノリティの人びとや「ハーフ」「ダブル」の人たちを「日本人」とは異なる人として排除する、もしくは「日本人」への同化を迫るという「病い」としての一面がある。日本人の母とアフリカ系アメリカ人の父との間に生まれた宮本エリアナが、2015年ミス・ユニバース日本代表に選ばれたとき、「日本人らしくない」という声があがった。ほかにも、アイヌの人びとが「自分はアイ

5）実際の日本はアイヌや沖縄の人びと、数世代にわたって日本で生きてきた在日コリアン、在日華僑・華人を含め、200万人を超える外国籍の人、日本に「帰化」した人（毎年1万人程度）、もしくは「国籍取得」をした人（毎年1000人程度）、両親のどちらかが外国籍の「ハーフ」「ダブル」の人など多様な人が住む社会である。数値は法務省「帰化許可申請者数等の推移」より。http://www.moj.go.jp/MINJI/toukei_t_minj03.html（最終アクセス日：2018年9月15日）

ヌである」と言いにくかったり、在日コリアンの人たちに通名（日本名）を使ったほうがよいと思わせたりする雰囲気が、日本社会には存在する。

人種主義とは、広く定義すると「人種が関わる社会的、政治的な支配、従属、特権関係の表現」(Goldberg & Solomos, 2002, p. 4) である。その一例が、2010年代前半に問題化されはじめたヘイトスピーチである。ヘイトスピーチは、マイノリティを対象にしたことばによる攻撃を指す（師岡, 2013, pp. 38-40）。法務省が委託した実態調査によると、ピーク時の2013年と2014年には、それぞれ347件、378件のヘイトスピーチをともなう「ヘイトデモ」が日本各地で実施されたという（人権教育啓発推進センター, 2016, p. 33）。このデモの参加者は、とくに朝鮮半島や中国につながる人びとを対象として、「出ていけ」「殺せ」などということばをプラカードに掲げたり（図-2）、大声で叫んだりするなどして排除をあおったり、脅迫的言動を繰り返したりした。このような行為は、対象とされた人びとを「われわれ」の境界線から外に追い出し、そして何よりも彼女／彼らのこころを傷つけるものである。

図-2 神奈川県川崎市で行われた「ヘイトデモ」。真ん中ののぼりに「多文化共生断固反対」の文字が見える（2016年1月筆者撮影）

3. みえない境界線を意識すること

ネイション、エスニシティ、人種といった「みえる」境界線で分けられた集団内の人びととの「異」は、同化と他者化によってみえにくくなっている。日本国籍をもっている人には共通点はもちろんあるが、ほかにもジェンダー、セクシュアリティ、障害、年齢、宗教、地域、経済状況など多様な「異」がある。異文化コミュニケーションにおいては、みえる境界線による「異」だけではなく、境界線内の「われわれ」の間の「異」に目を向けること、つまりはみえない（もしくはみえにくい）境

界線を意識的にみていくことが重要になる。

　みえない境界線をみる方法の一つが、交差（intersectionality）を意識することである。交差とは、ネイション、エスニシティ、人種、ジェンダーといったカテゴリーがかかわる、差別や排除などの構造的力関係やアイデンティティが、単独ではなく複数が絡まりあっていることを指す（たとえば Anthias, 2012, p. 4）。奴隷解放運動や公民権運動で問題にされてきた人種差別のみでは、アフリカ系アメリカ人女性がおかれている状況を的確に捉えられない、という声から出てきたのが、交差という概念である。黒人であり女性であること、つまり人種差別と性差別の両方が、彼女らの経験やアイデンティティに影響を与えるのだ。

　このように、異なるカテゴリーを同時にみていくだけでなく、一つのカテゴリーのなかにも複数のサブカテゴリーが存在することに注意する必要がある。日本に住む移民や難民、アイヌなどの先住民、両親のどちらかが日本国籍ではない「ハーフ」「ダブル」の人たちは、日本国籍を有していてもいなくても、そのアイデンティティや文化実践には「日本的なもの」とそうでないものが混じりあっていることが多い（第10章参照）。つまりそれはトランスナショナルであり、ハイブリッドなのである。この二つの概念が捉えるのは、一つのカテゴリー内における複数のサブカテゴリーのつながりや重なり合いだといえる。

　トランスナショナル性とは、ネイションの境界を越える（trans-）状態を表す。グローバル化によって人やもの、情報が国境を越えて行き来する頻度や程度が激しくなっている現代社会において、越境する人びとや組織のネットワークがいかに形成され、維持されるのか、またそれがいかなる特徴や影響をもつのかといったことが、このトランスナショナル性という概念で捉えられてきた（バートベック, 2014, p. 4）。このようなトランスナショナルな動きを通じて、人間や文化の混じり合い、つまりハイブリッド化の頻度や程度は高まっていく。

　ハイブリッド性[6]という概念の中心は、混じり合いの状態にある。日本語が中国語からの漢字や語彙、また英語を中心とした多様な言語からの外来語を含む混成言語であるように、文化は常にほかの文化と混じり

あうものである。ただしハイブリッド性は異なる文化が対等な立場で混じりあった結果ではなく、その背景には不均衡な力関係があることが多い（Kraidy, 2002）。アメリカのマクドナルドは、世界各地でみることができるトランスナショナルなファストフードである。東南アジアや中国では、朝のメニューにお粥があるなどローカルな食文化とハイブリッド化されているが、それはあくまでも、世界各地の店舗を通じたアメリカの食文化の展開という戦略のうえに成り立っているものである。

4. 境界線を問いなおす視点

　前述したトランスナショナルでハイブリッドなアイデンティティと深くかかわるのが、ディアスポラ意識である。ディアスポラとは、ギリシャ語で「種をまく」という意味の動詞と「分散」という意味の前置詞「ディア（dia）」からできたことばである（コーエン, 2001）。もともとは、長い間国家をもたず、世界各地に散らばって生活を営んできたユダヤ人の「離散」を指すことばであった。現在では、異郷で暮らしつつも故郷と文化的、政治的、経済的なつながりを保ちつつ生きる移民、難民、出稼ぎ労働者、亡命者など多様な集団に対しても使われている。

　しかしこのような集団のすべてが、ディアスポラ意識をもつわけではない。異郷における歴史的かつ継続的な差別や排除の経験が、ディアスポラ意識の形成につながっていくのである。このマイノリティ性が、ディアスポラ意識の特徴の一つである。もう一つの特徴として、複数の空間・時間の感覚をもつことがあげられる。異郷に暮らしつつも根をおろすことができず、かといって故郷に帰ることもままならないなかで、「ここに住み、ここではない場所を思い出し／欲望する」（クリフォード, 2002, p. 289）のである。

　ディアスポラ意識は、ナショナリズムと密接な関係がある。そして、

---

6) もともとは植物や動物の「雑種」を意味することば。19 世紀後半には異なる人種とされた人びととの間の子どもに使用されるようになり、1990 年代以降には文化的概念としても使われるようになった（Young, 1995）。

ナショナリズムに「救い」と「病い」という二つの側面があったように、ディアスポラ意識は肯定的にも否定的にも作用する。複数の空間・時間を生きるディアスポラ的集団の文化やアイデンティティはトランスナショナルであり、ハイブリッドである。このような「これでもなくあれでもない、何かしら別の、中間にある」（バーバ, 2005, p. 365）アイデンティティや文化は、〈支配的／被支配的〉なものと、〈主流／非主流〉なものの境界線をあいまいにし、主流なものに揺さぶりをかける。たとえば、日本で長く生活している在日華僑・華人は、現在の国際社会で支配的な一つのエスニック集団が一つのネイションを形成し、それが一つの国家であるとする「国民国家」という考え方や、日本は「単一民族社会」であるといった日本人に関する支配的なイメージを揺るがす。

同時に、故郷を「欲望」するディアスポラ意識が、境界内の「われわれ」意識を過度に強調することによって、「病い」のナショナリズムと重なってしまうこともある。ディアスポラ的集団内部にも、ジェンダー、セクシュアリティ、経済状況、障害、地域など多様な境界線が交差している。このようなみえない境界線を意識することなく、集団内のまとまりを強調することで、その内部の多様性がみえなくなってしまうのである。

5. 越境と架橋

交差、トランスナショナル性、ハイブリッド性、そしてディアスポラという概念が目を向けさせてくれるのは、境界線そのもの、それを越えること、境界線内の境界線、人と文化のつながり、そこにかかわる不均衡な力関係である。異文化コミュニケーションにおいて必要なのは、境界線やそれによってつくられた集団、文化、アイデンティティを固定したものとして捉えるのではなく、それを「交錯」しているものとして、つまりときには移動し、変化し、絡まりあい、つながるものとして捉えることであろう（河合, 2016）。

境界線があることは「行き止まり」を意味しない。山や川や海など、

さまざまな自然の境界線があっても人びとはそれを越えてきたのであり、人間がつくった境界線についても同じことがいえる。越境は、留学や旅行などで境界線を実際に越えてみることだけではなく、日常生活において、みえない境界線の交錯を意識することによっても可能となる。越境することで、境界線の内と外をつなぐ跡ができ、橋が架かる。架橋することは、内側から「よそ者に門を開け」ることであり、自らが「通行の安全が確かではない見知らぬ領域に足を踏み入れる」ことである。それによって「異」を尊重し、受けとめ、自らが変わっていく（Anzaldúa, 2002, pp. 3-4）。これは「異なる」人びととの「同」に気づかされ、「同」のつながりをつくっていくプロセスでもある。日々の生活のなかでみえない境界線に目をこらし、その境界線から一歩足を踏み出して未知の領域に出ていくこと。異文化コミュニケーションを実践することとは、越境し架橋するプロセスなのかもしれない。

（河合優子）

It's your turn.　ディスカッションのために

1. 最近メディアで見かけた、日本や日本人のイメージについて話しあってみよう。
2. 「トランスナショナルでハイブリッドなアイデンティティ」の具体例について、話しあってみよう。
3. 越境することで架橋した、自分自身の経験について話しあってみよう。

> **Let's try.** さらに考えるために
>
> 　古代ギリシャの哲学者ディオゲネスは、「私は世界の市民」だと主張した。コスモポリタニズム（世界主義）は、この考え方を出発点とする。ナショナリズムとコスモポリタニズムはまったく正反対の考え方だと思うかもしれない。しかし、この二つをつながったものとして捉えるディランティ（Delanty, 2009）は、見知らぬ人たちを同じ国のメンバーと「想像」してネイションがつくられている（＝ナショナリズム）のであれば、国の境界線を越えてその「想像」の範囲を広げること（＝コスモポリタニズム）も可能であり、それが実際に起こっていると主張する。たとえば、環境問題を考えるときには、世界を一つの共同体として「想像」していることも多いのではないだろうか。コスモポリタニズムについては、鈴木弥香子の「『根のあるコスモポリタニズム』へ」（2017,『社会的分断を越境する』に収録）が参考になる。

参考文献

アンダーソン, B.（1997）『想像の共同体 増補版』白石さや・白石 隆訳, NTT出版.

小熊英二（1995）『単一民族神話の起源―「日本人」の自画像の系譜』新曜社.

小熊英二（1998）『〈日本人〉の境界―沖縄・アイヌ・台湾・朝鮮　植民地支配から復帰運動まで』新曜社.

河合優子（2016）「多文化社会と異文化コミュニケーションを捉える視点としての『交錯』」『交錯する多文化社会－異文化コミュニケーションを捉え直す』河合優子編著, ナカニシヤ出版, pp. 1-26.

姜 尚中（2001）『ナショナリズム』岩波書店.

クリフォード, J.（2002）『ルーツ―20世紀後期の旅と翻訳』毛利嘉孝ほか訳, 月曜社.

コーエン, R.（2001）『グローバル・ディアスポラ』駒井 洋監訳, 明石書店.

人権教育啓発推進センター（2016）「ヘイトスピーチに関する実態調査報告書」http://www.moj.go.jp/content/001201158.pdf（最終アクセス日：2018年9月11日）

鈴木弥香子（2017）「『根のあるコスモポリタニズム』へ―グローバル化時代の新たな試練と希望」『社会的分断を越境する―他者と出会いなおす想像力』塩原良和・稲津秀樹編著, 青弓社, pp. 235-249.

バートベック, S.（2014）『トランスナショナリズム』水上徹男・細萱伸子・本田量久訳, 日本評論社.

バーバ, H. K.（2005）『文化の場所—ポストコロニアリズムの位相』本橋哲也ほか訳, 法政大学出版会.

バリバール, É.（1997a）「国民形態—歴史とイデオロギー」『人種・国民・階級—揺らぐアイデンティティ 新装版』バリバール, É.・ウォーラーステイン, I. 若森章孝ほか訳, 大村書店, pp. 157-194.

バリバール, É.（1997b）「人種主義とナショナリズム」『人種・国民・階級—揺らぐアイデンティティ 新装版』バリバール, É.・ウォーラーステイン, I. 若森章孝ほか訳, 大村書店, pp. 67-124.

師岡康子（2013）『ヘイトスピーチとは何か』岩波書店.

Anthias, F. (2012). Intersectional what?: Social divisions, intersectionality and levels of analysis. *Ethnicities, 13*(1), 3-19.

Anzaldúa, G. E. (2002). (Un)natural bridges, (un)safe spaces. In G.E. Anzaldúa & A. Keating (Eds.), *This bridge we call home: Radical visions for transformation* (pp. 1-5). London and New York: Routledge.

Delanty, G. (2009). *The cosmopolitan imagination: The renewal of critical social theory*. Cambridge: Cambridge University Press.

Goldberg, D. T., & Solomos, J. (2002). General introduction. In D. T. Goldberg & J. Solomos (Eds.), *A companion to racial and ethnic studies* (pp. 1-12). Malden, MA: Blackwell.

Kraidy, M. M. (2002). Hybridity in cultural globalization. *Communication Theory, 12*(3), 316-339.

Young, R. J. C. (1995). *Colonial desire: Hybridity in theory, culture and race*. New York: Routledge.

執筆者紹介 (執筆順)

池田理知子（いけだ　りちこ）
福岡女学院大学教授
主著・論文：『日常から考えるコミュニケーション学—メディアを通して学ぶ』(2016, ナカニシヤ出版) /『時代を聞く—沖縄・水俣・四日市・新潟・福島』(2012, せりか書房, 共編著) /『よくわかる異文化コミュニケーション』(ミネルヴァ書房, 2010, 編著)

第1章・第5章・第6章・第8章・第10章担当

塙　幸枝（ばん　ゆきえ）
成城大学准教授
主著・論文：『障害者と笑い』(2018, 新曜社) /「超音波写真と胎児のイメージ—記録としての医学写真から記憶としての家族写真へ」(谷島貫太・松本健太郎編著『記憶と記録のメディア論』, 2017, ナカニシヤ出版) /「お笑いの視聴における『(多様な) 読み』は可能なのか—スチュアート・ホールのエンコーディング／デコーディング理論から」(松本健太郎編著『理論で読むメディア文化—「今」を理解するためのリテラシー』, 2016, 新曜社)

第2章・第4章担当

青沼　智（あおぬま　さとる）
国際基督教大学教授
主著・論文：『メディア・レトリック論—文化・政治・コミュニケーション』(2018, ナカニシヤ出版, 共編著) / "Policy debate topic change controversies in the U.S. and Japan" (*Argumentation & Advocacy, 54*, 2018, 共著) / "Momotaro as proletarian: A study of revolutionary symbolism in Japan" (*Communication and Critical/Cultural Studies, 11*, 2014)

第3章・第8章・第10章・第12章担当

宮崎 新（みやざき あらた）
名城大学教授
主著・論文：『グローバル社会のコミュニケーション学入門』（2019, ひつじ書房, 共編著）/ "Facing with non-nativeness while teaching: Enacting voices of international teaching assistants of basic communication courses"（*Basic Communication Course Annual*, 25, 2013, 共著）/ "Re-making cross-cultural representations: 'Foreign' + 'Hollywood' films = new learning opportunities"（*International Journal of Arts & Sciences*, 4(24), 2011, 共著）

第7章担当

神戸直樹（かんべ なおき）
弘前学院大学教授
主著・論文："Perspective by incongruity in Internet memes: The case of the 2015 Japanese hostage crisis"（R. A. Lake, ed., *Recovering Argument*, 2018, Routledge）/ "Representing disaster with resignation and nostalgia: Japanese men's responses to the 2011 earthquake"（S. MacGregor & N. Seymour, eds., *Men and Nature: Hegemonic Masculinities and Environmental Change, RCC Perspectives 2017, no. 4*, 2017, Rachel Carson Center）/ "The logic of 'jiko sekinin' (self responsibility) and 'proper' citizenship in contemporary Japan"（T. Suzuki, T. Kato, & A. Kubota, Eds., *Proceedings of the 3rd Tokyo Conference on Argumentation*, 2008, Japan Debate Association）

第8章担当

石黒武人（いしぐろ たけと）
立教大学教授
主著・論文：「異文化コミュニケーションの教育・訓練」（石井 敏・久米昭元・長谷川典子・桜木俊行・石黒武人『はじめて学ぶ異文化コミュニケーション—多文化共生と平和構築に向けて』, 2013, 有斐閣）/『多文化組織の日本人リーダー像—ライフストーリー・インタビューからのアプローチ』（2012, 春風社）/「多文化組織におけるコミュニケーションと日本人リーダー」（多文化関係学会編『多文化社会日本の課題—多文化関係学からのアプローチ』, 2011, 明石書店）

第9章担当

執筆者紹介

鳥越千絵（とりごえ　ちえ）
元　西南学院大学准教授
主著・論文：「『外国人』『移民』『外国人労働者』―日本における移民ディスコースが構築する人種の階層」(『西南学院大学英語英文学論集』59(3), 2019) / "'We get bad looks, all the time': Ideologies and identities in the discourses of interracial romantic couples" (K. Sorrells & S. Sekimoto, eds., *Globalizing Intercultural Communication: A Reader*, 2015, Sage, 共著) / 「ポストコロニアル的視点から語られるアイデンティティ―質的異文化コミュニケーション研究の動向」(『西南学院大学英語英文学論集』53(3), 2013)

第 11 章担当

師岡淳也（もろおか　じゅんや）
立教大学教授
主著・論文：「戦後日本におけるコミュニケーション学の歴史への新たな視座―1960-70 年代のスピーチ・コミュニケーション科目の分析を中心として」(『ことば・文化・コミュニケーション』10, 2018) / "A history of rhetorical studies and practices in modern Japan" (P. Simonson & D. W. Park, eds., *The International History of Communication Study*, 2015, Routledge) / 「意思決定とコミュニケーション―議論による合意の形成と不合意の創出」(鈴木健人・鈴木　健・塚原康博編著『問題解決のコミュニケーション』, 2012, 白桃書房)

第 12 章担当

河合優子（かわい　ゆうこ）
立教大学教授
主著・論文："Learning critical multicultural empathy through ethnic minorities' media self-representation in Japan" (J. Erni, ed., *Visuality, Emotions, and Minority Culture*, 2017, Springer) / 『交錯する多文化社会―異文化コミュニケーションを捉え直す』(2016, ナカニシヤ出版, 編著) / "Deracialised race, obscured racism: Japaneseness, Western and Japanese concepts of race, and modalities of racism" (*Japanese Studies* 35(1), 2015)

第 13 章担当

グローバル社会における
異文化コミュニケーション
―身近な「異」から考える

2019年4月10日　第1刷発行	
2025年2月10日　第7刷発行	

編著者	池田理知子／塙 幸枝
著　者	青沼 智／宮崎 新／神戸直樹／石黒武人／
	鳥越千絵／師岡淳也／河合優子
発行者	前田俊秀
発行所	株式会社 三修社
	〒150-0001 東京都渋谷区神宮前2-2-22
	TEL 03-3405-4511
	FAX 03-3405-4522
	振替　00190-9-72758
	https://www.sanshusha.co.jp
	編集担当　松居奈都
印刷・製本	壮光舎印刷株式会社

©Richiko IKEDA, Yukie BAN, Satoru AONUMA, Arata MIYAZAKI, Naoki KAMBE, Taketo ISHIGURO, Chie TORIGOE, Junya MOROOKA, Yuko KAWAI
2019 Printed in Japan
ISBN978-4-384-05937-3 C1030

JCOPY 〈出版者著作権管理機構 委託出版物〉
本書の無断複製は著作権法上での例外を除き禁じられています。複製される場合は、そのつど事前に、出版者著作権管理機構（電話 03-5244-5088 FAX 03-5244-5089 e-mail: info@jcopy.or.jp）の許諾を得てください。

装幀　久保和正デザイン室